홍시영 대저택.

"가짜 한계라는 그 벽, 밀면 밀립니다."

하와이 대저택
100일 미라클

MIRACLE

하와이 대저택
100일 미라클

메가스터디BOOKS

Prologue

사람이 뭔가를
더 잘하려고
정말로 노력하는
유일한 순간은,
자신이 진짜로
원하는 것을
생각할 때뿐이다.

여러분. 여러분이 이 글을 읽고 있다는 건 100일 동안 연속으로(단 하루도 빠지지 않고) 하루에 100번씩 단 하나의 문장을 쓰고자 마음먹었기 때문일 겁니다. 그렇죠? 그리고 그 문장은 여러분이 진짜로 간절하게 원하는 삶, 되고 싶은 여러분의 모습, 갖기 원하는 것에 대한 것들로 구성되어 있을 거고요. 우선 그렇게 마음을 먹었다는 것 자체 만으로도 여러분은 '소수'에 해당합니다. 우리 사회 전체 구성원 중 5% 이내에 속하죠. 그리고 이제, 그 소수 중에서도 소수인 '극소수'에 들어가기 위한 100일간의 여정을 저와 함께 시작하려고 합니다. 100일간 마침내 1만 번의 문장을 써서, 기어코 여러분 잠재의식에 번들처럼 설치되어 있던 가난 혹은 중산층 소프트웨어를 성공 부자 소프트웨어로 갈아 끼우는 과정이에요. 한 마디로 인생을 바꾸는 위대한 시작을 하려 하십니다.

그런 여러분께 시작하기에 앞서 중요한 것 한 가지를 꼭 말씀드리고자 해요. 여기에서 '연속으로' '단 하루도 빠지지 않고' '1만 번' 이라는 단어들에 집중하지 않으셔야 합니다. 그냥 밥을 먹는다고 생각해 보세요. 우리는 죽을 때까지 평생 하루에 한 끼든 세 끼든 매일 밥을 먹습니다, 그렇죠? 그런데 '그걸 어떻게 하루도 빼놓지 않고 평생 어떻게 해?' 이렇게 생각하지 않잖아요. 똑같습니다. 며칠에 한 번씩 밥을 먹지 않는 것처럼, 가끔씩 해서는 잠재의식에 소프트웨어를 갈아 끼울 수 없어요. 왜냐하면 여러분 잠재의식에 태어나면서부터 여러분 의지와 상관없이 설치되어 수십 년간 여러분을 '조종'해온 그 소프트웨어를 '다시 설치하는 것'이니까요. 절대로, 반복 외에 다른 방법은 없습니다.

앞으로 100일 동안, 여러분이 손으로 직접 적는 그 문장들을 여러분의 잠재의식은 매일 보고, 들을 거예요. 모든 사람은, 정확히 그냥 '사람이라면' 잠재력을 지니고 있습니다. 잠재력은 잠재의식의 힘이고요. 그러니 일단 잠재의식에 부와 성공의 소프트웨어가 깔려 있어야 부와 성공을 이뤄낼 바로 그 잠재력을 발휘할 수 있는 겁니다.

이렇게 100번씩 100일 동안 쓰면 정말 잠재의식에 부와 성공의 소프트웨어가 갈아 끼워질 수 있는 건지 궁금하실 겁니다. '그게 진짜 보장된다면 100일이 아니라 1,000일이라도 하겠다.'라는 생각도 드시죠? 저는 "물론입니다." 라고 답을 드립니다. 잠재의식은 우리의 의식과는 달라서, 독서를 하거나 시험공부를 하는 것처럼 의식적으로 컨트롤 할 수 없어요. 그래서 '지속적이고 일정한 반복'이라는 유일한 방법을 통해서만 각인시킬 수 있는 겁니다. 손의 움직임과 뇌의 작용(신경가소성_neuroplasticity, 망상활성화체계_RAS) 간에는 엄청나게 강력한 연관성이 있기 때문에, 여러분이 바라는 삶을 100일간 매일 직접 적으면 그 변화가 반드시 현실로 나타나는 겁니다.

여러분. 두려움의 반대말은 뭘까요? 용기가 아닙니다. 바로 '믿음'이예요. 뭘 믿어야 한다는 걸까요? 여러분 스스로를 믿는 겁니다. 어쩌면 지금껏 살아오면서 스스로를 믿는다는 마음을 단 한 번도 가져본 적 없는 분들도 많은 걸 알고 있습니다. 두려움은 의심과 걱정이 만들어내죠. 여러분이 스스로 당연히 잘 될 것이라고 믿고, 당연히 그렇게 생각하면서 걱정 없이 그저 부단히 할 때 두려움과 의심은 힘을 잃습니다.

이제부터 100일 동안, 저도 여러분과 함께 나란히 걸어가겠습니다. 100일간 참 많은 생각들이 드실 거예요. 참 많은 감정들이 느껴질 겁니다. 때로는 갑자기 '평소의 나'라면 절대로 생각할 수 없었던 어떤 생각도 떠오를 거고요. 그 모든 생각과 감정들이 바로 잠재의식에 새로운 소프트웨어가 설치될 때 나타나는 전형적인 현상이라는 걸 잊지 않으셨으면 좋겠습니다.

자, 준비되셨나요?

사실 준비는 필요 없습니다. '그냥' 하면 되니까요.

"이 힘이 무엇인지는 나도 모른다.

나는 단지 그 힘이 있다는 사실만 알 뿐이다."

- 알렉산더 그레이엄 벨

하와이 대저택

100

100번 쓰기를
하는 이유

1 원하는 목표가 훨씬 더 명확해집니다.

2 잠재의식에 '부와 성공'이라는 '새로운 소프트웨어'가 설치됩니다.

3 뇌를 깨움으로써 평소라면 절대 할 수 없었던 생각들이 떠오릅니다.

4 작은 성공의 반복을 통해 성공 자체를 '자동화'시킵니다.

5 저절로 행동하게 됩니다.

내가 진짜 원하는 것, 원하는 삶을 알아내는 4가지 방법

1 원하는 삶을 살고 있는 스스로를 상상했을 때 가슴이 벅찰 만큼 기쁜 그 느낌을 생생히 느껴보세요.

2 '진짜 싫은 것'을 파악한 후 배제하세요. 하고 싶은 일 중에 하기 싫은 일이 섞여 있으면 안 됩니다.

3 이 세상에 '실패'라는 게 존재하지 않는다면 그때 하고 싶은 것, 살고 싶은 삶을 떠올리세요.

4 what이 아닌 how에 초점을 맞추세요.

예시) 나는 정해진 출퇴근 시간과 장소 없이, 디지털 노마드로 행복하게 산다.

목표 문장 만들기
5단계

1 '나는'이라는 주어로 시작합니다.

2 실현 '연도'를 명확히 정합니다.

3 목표로 하는 '금액'은 구체적 숫자로 명시합니다.

4 '과거형' 문장으로 씁니다.

5 '부정어'는 넣지 않습니다.

예시) 나는 2027년에 사회에 선한 영향력을 행사하는 100억 자산가가 되었다.

이걸 왜 하는지
항상 기억하세요

나에게 번들로 깔려 있던 소프트웨어를 잠재의식에 새롭게 설치하기 위해 하는 겁니다. 지금껏 나를 평생 움직여 온 소프트웨어를 삭제하는 겁니다.

당연히 몇 번 만에 되지 않습니다. 안 하던 걸 하면 강한 저항이 생기는 건 여러분이 '정상'이라는 겁니다. 아직 '기억 세포'가 만들어지기 전이니까요.

이걸 왜 하는지 항상 기억하세요. 뇌에 습관을 각인시키기 위해서는 최소 21일, 그 습관을 통해 무의식에 새로운 내용이 각인되는 데에는 90일이 걸린다고 합니다.

잠재의식은 오직 이 과정을 통해서만 바꿀 수 있습니다.

알려드립니다

100일 쓰기를 한참 진행 중이거나 이미 성공한 분들의 유튜브 댓글 중 함께 나누고 싶은 내용들을 골라 본문에 실었습니다. 100일 쓰기를 처음 해보는 분들에게 많은 격려가 될 거라 생각합니다. 소중한 생각 공유해주신 구독자분들에게 깊은 감사의 말씀 드립니다.

"일단 목표를 적기 시작하면
두뇌는 그 목표와 관련된 것들에 대해
민감하게 반응하기 시작한다."

헨리에트 앤 클라우저
《종이 위의 기적, 쓰면 이루어진다》 저자

1 일째

성공의
첫 번째 모습

여러분, 첫 번째 날입니다. 시작하는 날이죠? 보통 시작을 잘 하는 게 중요하다고 생각하지만, 그보다는 '그냥 시작하는 것'이 중요합니다. 시작 자체가 중요하다고 생각하면 정작 행동에 옮길 수가 없어요. 그렇게 중요한 일을 어떻게 함부로 시작할 수 있겠어요. 그래서 그냥 일단 시작하는 것이 우선입니다. 완벽하게 하려는 욕심은 버리고 말이죠. 그리고 지금 이 글을 읽고 계시다는 건, 여러분은 이미 일단 시작해봐야겠다는 의지를 갖고 있다는 의미일 겁니다.

오늘을 절대로 잊지 마세요. 오늘부터 이렇게 시작되는 거였습니다. 여러분이 원하는 모습, 원하는 삶. 그 '시작의 모습'은 이러했습니다.

하와이 대저택 베스트 영상
〈원하는 걸 이룰 때까지
속여라〉

100번 쓰고 말하는 과정은 우리가 진정 원하는 게 무엇인지 우리의 직관을 날카롭게 가다듬는 과정이지, 그게 현실적인지 아닌지는 중요하지 않다고 생각해요. 처음엔 되게 낯간지럽고 어색할 수 있습니다. 남에게 보이는 게 부끄럽고 두려울 수도 있어요. 정상입니다. 하지만 우리의 목표와 꿈을 남에게 당당하게 말할 수 있을 때 내면의 변화가 시작되더라고요. 그게 자연스럽게 느껴지는 순간, 그때가 바로 모든 것이 시작되는 순간이라고 생각합니다. - @BookReadMan

1
2
3
4
5
6
7
8
9
10
11
12
13
14
15
16
17
18
19
20
21
22
23
24
25
26
27
28
29
30
31
32
33

68

69

70

71

72

73

74

75

76

77

78

79

80

81

82

83

84

85

86

87

88

89

90

91

92

93

94

95

96

97

98

99

100

2 일째

당신을 도와주는 존재

여러분은 이제 중요한 문 앞에 서 있습니다. 이 문을 열면, 그리고 다시 뒤돌아 나오지만 않는다면, 여러분은 스스로 원하는 사람이 되는 겁니다. 열쇠도 이미 갖고 있죠.

여러분의 목표를 100번씩 쓰고 말하세요. 굳이 소리를 내어 말하는 건 발성 기관 근육이 움직이면서 생각을 현실화시키기 위한 신체 활동을 시작하기 위함입니다. 글로 적는 건 손 근육이 움직이며 생각이 물리적인 현실로 전환하기 위해 시동을 거는 것이고요.

이 세상에서 오직 단 한 사람만 그 어떤 상황에서도 여러분의 행복을 위해 모든 걸 바칩니다. 여러분이 경제적으로 정확히 원하는 만큼 풍요로워질 수 있도록 정말 최선을 다해 도울 거예요. 그건 바로 여러분 자신입니다. 그 누구도 대신해주지 않으며, 할 수도 없습니다.

💬

내 운명의 주인은 나라는 점, 영혼이 성장한다는 점, 생각을 조절할 수 있는 것도 나라는 점, 생각이 상황을 만들고 생각하는 대로 이루어진다는 점, 기회는 가면을 쓰고 나타난다는 점, 실패가 성공의 씨앗이라는 점을 배웠습니다. 오늘도 하와이 대저택 님의 영상으로 충전하고 하루를 활기차게 시작합니다. 나의 미래를 그리니 가슴이 설레네요. 누구에게도 지지 않을 나만의 것을 만들어내기 위해 힘들어도 힘들지 않게 보내고 있습니다. - @user-vm2pc5en8h

1
2
3
4
5
6
7
8
9
10
11
12
13
14
15
16
17
18
19
20
21
22
23
24
25
26
27
28
29
30
31
32
33

	68
	69
	70
	71
	72
	73
	74
	75
	76
	77
	78
	79
	80
	81
	82
	83
	84
	85
	86
	87
	88
	89
	90
	91
	92
	93
	94
	95
	96
	97
	98
	99
	100

3 일째

새로운 프로그램이 깔린다는 것

새로운 신념을 찾고 받아들이는 건 처음에는 예상했던 것보다 훨씬 더 불편할 겁니다. 스스로에게 거짓말하는 것처럼 느껴질 거예요. 새로운 신념을 받아들일 때 꽤 많은 사람들이 자기가 거짓말을 하고 있다고 느낍니다.

그런데 사실 그때가 바로 잠재의식에 프로그램을 새로 까는 과정이 진행되는 순간이에요. 여러분 뇌 속에 새로운 신경회로가 만들어지는 중인 겁니다. 그렇게 여러분이 미처 인식하지 못하는 사이에 '스며들듯' 성공할 수밖에 없는 신념이 장착되는 거예요.

💬 ─────────────

어제 100번 쓰기를 처음으로 시작했습니다. 손은 아프고 이게 맞는 건가 생각이 들면서도 계속했는데 쓰는 과정에서 가슴속 깊은 곳에서 내 미래에 대한 기대감이 차오르는 것을 느꼈고, 100번을 다 썼을 땐 저도 모르게 양팔을 위로 치켜들며 해냈다는 성취감을 온몸으로 느꼈습니다. 단순하지만 매우 강력한 방법임을 느꼈고, 100일을 다 채웠을 때의 저는 또 어떻게 달라져 있을지 너무 기대가 됩니다. - @user-gl6qn7he2j

1
2
3
4
5
6
7
8
9
10
11
12
13
14
15
16
17
18
19
20
21
22
23
24
25
26
27
28
29
30
31
32
33

	68
	69
	70
	71
	72
	73
	74
	75
	76
	77
	78
	79
	80
	81
	82
	83
	84
	85
	86
	87
	88
	89
	90
	91
	92
	93
	94
	95
	96
	97
	98
	99
	100

4 일째

기회는 가면을 쓰고 나타난다

누구나 살면서 '인생 계기'가 찾아옵니다. 이걸 다른 말로 하면 '기회'라고 하죠. 기회는 처음부터 막 좋아 보이고 단번에 알아볼 수 있게 찾아오지 않아요. 위기, 실패, 좌절, 절망감과 같은 가면을 쓰고 여러분 앞에 등장하죠.

지금 혹시 '인생 망했다' '상황이 좋아질 기미조차 보이지 않는다'라는 생각이 드시나요? '정말 이대로 평생 살 수는 없다'라는 마음이 생기셨나요? 그렇다면 바로 인생 계기가 찾아온 겁니다. 위기감이나 좌절감 등의 가면을 쓴 기회가 여러분 앞에 나타난 거죠.

지금 이런 상황이라면 저는 진심으로 축하드린다고 말씀드리고 싶습니다. 저 역시 돌아봤을 때, '인생 최악의 시기' '죽고 싶었을 때' 그때가 최고의 기회였어요. 그 기회가 오늘의 저를 만들어줬습니다. 사실 위기감 자체를 느끼지 못하고 사는 사람들이 훨씬 많아요. 이걸 느꼈다는 그 자체가 여러분 인생이 이제는 바뀌려 한다는 시그널입니다.

끌어당김의 법칙은 믿지만 사람마다 이야기하는 방법이 다 다르죠. 그래서 저는 사람마다 어울리는 방법이 있고, 그렇지 않은 방법이 있다는 편견을 가지고 있었습니다. 대표적으로 목표 적기 같은 거요. 그래서 매일 상상과 감사하기 같은 것만 해왔습니다. 하지만 하대 님 영상을 보고 생각이 바뀌었습니다. "해보지 않으면 모른다. 고민되면 둘 다 하라."라는 말을 떠올리며 우주 송신기에 증폭기를 달아주려고 합니다. 전역이 딱 100일 남았으므로 100일 쓰기 시작해보겠습니다! - @user-zk4zd9pv4b

1
2
3
4
5
6
7
8
9
10
11
12
13
14
15
16
17
18
19
20
21
22
23
24
25
26
27
28
29
30
31
32
33

	68
	69
	70
	71
	72
	73
	74
	75
	76
	77
	78
	79
	80
	81
	82
	83
	84
	85
	86
	87
	88
	89
	90
	91
	92
	93
	94
	95
	96
	97
	98
	99
	100

5
일째

나중에 성공하지 마세요

특별한 고민 없이 그냥 흘러가는 대로 살다 보면 70대, 80대까지도 힘들고 싫어도 그냥 돈 때문에 계속 일할 확률이 엄청나게 높습니다. 힘들고 싫은 그 일을 최대한 빨리 끝내고, 일한다는 생각조차 들지 않는 그런 일을 하는 것이 '경제적인 성공'이에요.

당연하게 여겨왔던 평범했던 일상을 한번 뒤돌아보세요. 의심해보십시오. 그리고 여러분의 성공을 언젠지도 모를 뒤로 연기하지 마세요.

100일 동안 100번 확언 쓰기를 완료하고 이제 두 번째 실행 중이에요. 하대 님 덕분에 새로운 인생을 맞이할 준비로 매일 의미 있는 하루를 보내고 있어요. 어느 때보다 제 자신이 자랑스러운 나날입니다. 이른 시간에 올려주시는 영상 덕분에 오늘도 벅찬 희망과 계획으로 하루를 시작할 수 있는 기운을 얻습니다. - @user-gf5bu7ut6r

1
2
3
4
5
6
7
8
9
10
11
12
13
14
15
16
17
18
19
20
21
22
23
24
25
26
27
28
29
30
31
32
33

4	68
5	69
6	70
7	71
8	72
9	73
0	74
1	75
2	76
3	77
4	78
5	79
6	80
7	81
8	82
9	83
0	84
1	85
2	86
3	87
4	88
5	89
6	90
7	91
8	92
9	93
0	94
1	95
2	96
3	97
4	98
5	99
6	100
7	

6 일째

목표가 명확하면 이뤄지는 이유

원하는 것, 원하는 삶. 목표는 정말 명확해야 합니다. '그 정도까지?'라고 생각할 정도로 구체적이어야 한다는 거예요.

일정표를 짜거나 특별한 계획을 세우지 않고 그냥 즉흥 여행을 떠난다면, 여러분은 어디에 도착하게 될까요? 그날의 기분에 따라 혹은 날씨나 각종 상황에 따라 달라지겠죠. 그런데 첫째 날, 둘째 날 가야 할 곳을 미리 정하고 간다면 어떨까요? 엄청나게 높은 확률로 미리 정해 놓은 그곳에 도착할 겁니다.

가고자 하는 곳이 어딘지 구체적이고 명확하게 정했다면, 여러분은 결국 그곳으로 갑니다.

💬 ────────

하와이 대저택 님 영상을 보다가 작년 12월부터 매일 다이어리에 되고 싶은 나에 대해 현재형으로 인생 목표를 쓰기 시작했습니다. 여러 가지를 적다 보니 그 목표를 이루기 위해 좀 더 구체적으로 생각하게 되고, 그걸 바탕으로 더 적극적으로 행동하게 됐습니다. 그러다 보니 미래에 대한 부정적인 생각보다 지금 내가 하고 있는 일에 대한 긍정적인 생각과 기대가 생기더라고요. 출근 준비하면서 매일 듣고 있는데 제 삶에 굉장히 긍정적인 영향을 주고 계십니다. - @jaeinkim4525

1
2
3
4
5
6
7
8
9
10
11
12
13
14
15
16
17
18
19
20
21
22
23
24
25
26
27
28
29
30
31
32
33

68

69

70

71

72

73

74

75

76

77

78

79

80

81

82

83

84

85

86

87

88

89

90

91

92

93

94

95

96

97

98

99

100

7
일째

하찮은데
위대한 성공

어느덧 벌써 일주일째가 되었습니다. 일주일 동안 어떤 생각들이 드셨나요?

성공은 처음부터 거창하고 위대할 수 없습니다. 성공뿐만 아니라 모든 것이 다 그렇죠. 처음부터 어떻게 거창하고 위대하겠어요. 다만, 하찮은 것을 위대하게 할 수 있을 뿐입니다.

성공은 여러분이 '원하는 것을 이룸'이에요. 이렇게 매일 100번씩 쓰는 것 자체로 여러분은 위대한 성공을 매일 하고 계신 거라는 걸 잊지 않으셨으면 좋겠습니다.

💬 ⋯⋯

목표 100회 쓰기 하는 중입니다. 100번을 쓸 때 40분 정도 걸리는데 영상을 2회 반복해서 들으면서 씁니다. 쓸 때마다 손가락이 조금 아프지만 하대 님의 목소리와 말씀 내용에 아픈 줄 모르고 씁니다. 쓰다 보면 제 목표가 곧 이루어진다는 생각에 가슴이 벅차오르기도 합니다. 제게 이런 에너지를 주신 하대 님, 다시 한 번 감사드립니다. 영상 필사도 꾸준히 진행 중입니다. - @skydame9500

1	
2	
3	
4	
5	
6	
7	
8	
9	
10	
11	
12	
13	
14	
15	
16	
17	
18	
19	
20	
21	
22	
23	
24	
25	
26	
27	
28	
29	
30	
31	
32	
33	

	68
	69
	70
	71
	72
	73
	74
	75
	76
	77
	78
	79
	80
	81
	82
	83
	84
	85
	86
	87
	88
	89
	90
	91
	92
	93
	94
	95
	96
	97
	98
	99
	100

8 일째

둘 중 하나입니다

여러분이 세상을 바꿀 수 없다고 말하는 사람은 두 종류입니다. 시도하기를 두려워하는 사람과 여러분이 성공할까 봐 두려운 사람.

이 사회에서 우리의 선택권은 딱 2가지입니다. 돈의 흐름을 이용해서 부를 쌓을 건지, 부를 쌓고 있는 사람을 위해 일할 건지.

돈은 자신에게 가장 적은 가치를 부여하는 사람에게서 나와, 자신에게 가장 큰 가치를 부여하는 사람을 찾아갑니다.

💬 ....

100번 쓰고 1,000번 말하고 상상하기 진행하고 있습니다. 오늘로 8일째입니다. 갓난쟁이죠. 그런데 제가 변했어요. 행동과 표정이 의욕적으로 변했는데, 너무 감격스러워요. 하루가 바빠지니 어느 순간 생기가 생겨서 에너지가 넘치네요. 10년 넘게 장사하느라 축 처져서 가게 문만 보며 16시간을 멍하니 보냈던 제가 맞나 싶습니다. 예전처럼 활기찬 모습을 되찾아 너무 벅찹니다. - @user-mo2uk1bz1e

1
2
3
4
5
6
7
8
9
10
11
12
13
14
15
16
17
18
19
20
21
22
23
24
25
26
27
28
29
30
31
32
33

	68
	69
	70
	71
	72
	73
	74
	75
	76
	77
	78
	79
	80
	81
	82
	83
	84
	85
	86
	87
	88
	89
	90
	91
	92
	93
	94
	95
	96
	97
	98
	99
	100

9 일째

한 번
해본 일이니까

시작하기 전 정말 아무리 철저하게 계획을 세워도 막상 해보기 전에는 절대로 알 수 없었던 것들이 분명 있습니다. 저는 다 알고 시작했을까요? 아니요. 몰랐습니다. 그냥 안갯속이었죠.

하지만 제 결과는 미리 봤어요. 상상으로 시각화를 해서 말이죠. 전 항상 그렇게 이루어진 제 모습을 미리 봅니다. 그렇게 다 보고 난 뒤 움직이거든요.

항상 말씀드렸듯이 그렇게 하면 저는 한 번 해본 걸 하는 거예요. 두 번째 하는 거니까, 그리고 한 번 해봤으니까 두려움이나 무서움이 없습니다. 왜 그럴까요? 첫 번째에 한 번 '해냈다'는 성공의 증거가 있잖아요. 그리고 그 증거는 바로 나 자신, 여러분 스스로인 겁니다. 성공했던 거니까 당연히 또 성공한다는 그 믿음으로 '해보기 전에는 절대로 알 수 없는 것들'을 의연하게 마주치며 그냥 가는 겁니다.

💬 ─────────

저는 과거부터 미래까지 제 삶의 모습을 패드에 영화 시놉시스처럼 작성했어요. '나는' '시기' '과거형'을 문장에 모두 넣어요. 그리고 장면에 대한 구체적인 설명과 그것을 이루었을 때 느낌까지 적었어요. 이렇게 해보니 좋은 점은 첫째로 시각화를 할 때도 장면이 바로 생생하게 떠오르고, 살을 붙여나가기도 쉽더라고요. 둘째로 이루고자 하는 삶의 전체적인 맥락과 방향을 한눈에 파악할 수 있었어요. 셋째로 시놉에서 원하는 문장을 바로 뽑아 한 문장 100번 말하기를 할 수 있어 간편했습니다. - @kimbooyak

1
2
3
4
5
6
7
8
9
10
11
12
13
14
15
16
17
18
19
20
21
22
23
24
25
26
27
28
29
30
31
32
33

68

69

70

71

72

73

74

75

76

77

78

79

80

81

82

83

84

85

86

87

88

89

90

91

92

93

94

95

96

97

98

99

100

10일째

용기란 무엇인가

용기 내어 시작하라는 말이 있잖아요. 저는 그 반대로 말씀을 드리고 싶습니다. 일단 시작하세요. 하면서 완벽해지면 됩니다. 앞서 말했듯 시작은 막 용기를 내서 비장하게 하는 게 아니라 그냥 하는 겁니다.

진짜 용기를 내어야 할 시점은 시점은 따로 있어요. 시작을 하고 나면 여러분 예상과는 다르게 상황이 전개될 겁니다. 거의 그래요. 그렇게 예상보다 잘 안 될 때 '이러다 망하는 거 아니야?' '괜히 시작했나?'라는 생각이 드는 그 시점. 용기는 바로 그때 내는 겁니다. 그때 막 불안하고 힘들고 두려워도 계속 가는 거, 그게 진짜 용기란 말이죠. 그 용기는 자동차 헤드라이트인 겁니다. 고작 100m 앞까지만 비춰줄 뿐이죠. 그런데 우리는 그 불빛으로 서울에서 부산까지도 가잖아요. 이걸 잊지 마십시오.

💬 ─────────────

내 꿈 100번 쓰기 10일차입니다. 1년 전부터 생각만 하고 실천은 못 하고 있었는데, 최근 하대 님의 영상들을 무한 반복 하면서 들었더니 드디어 실천하게 되었습니다. 성공 첫날 새벽 1시, 100번 쓰고 나니 눈물이 나더군요. 그 감정은 뭐라 설명이 안 돼요. 그런데 너무 뿌듯하고 행복했던 기분만은 확실히 기억이 나네요. 하대 님의 영상이 많은 사람들에게 도움이 된다는 사실을 잊지 마시길 바랍니다. 꼭 성공해서 글 남기겠습니다. - @mementomori9261

1	
2	
3	
4	
5	
6	
7	
8	
9	
10	
11	
12	
13	
14	
15	
16	
17	
18	
19	
20	
21	
22	
23	
24	
25	
26	
27	
28	
29	
30	
31	
32	
33	

68

69

70

71

72

73

74

75

76

77

78

79

80

81

82

83

84

85

86

87

88

89

90

91

92

93

94

95

96

97

98

99

100

11 일째

얼마나 그 생각을 하나요?

제가 오프라인 강연에서 이렇게 여쭤봅니다. "여러분은, 여러분이 원하는 그것에 대해 하루에 얼마큼 생각을 하시나요?" 생각보다 굉장히 많은 분들이 '원한다'고 하지만 정작 그것에 대해 많이 생각하지 않아요. 그냥 가끔 떠올리는 정도 경우가 많습니다. 그런데 '원하는 삶'에 대한 거잖아요. 점심 메뉴가 아니잖아요. 생각날 때만 가끔 생각하면 당연히 이루어지지 않죠. 그렇게 해서는 인생 안 바뀝니다.

저는 제가 원하는 게 있으면 정말 매 순간 생각을 해요. 분리수거할 때, 설거지를 할 때, 운전할 때, 아이를 재울 때, 소파에 앉아 있을 때, 산책할 때, 샤워할 때, 이 모든 순간 저는 계속 생각합니다. 제 머릿속에서 먼저 해보고, 망하면 조정하고, 다시 하고, 조정하고, 또 하고, 이렇게 계속 '내 인생 미리보기' '시뮬레이션'을 하는 겁니다.

여러분이 원하는 것은 무엇인가요? 그리고 오늘 하루 그것에 대해 얼마큼 생각해보셨나요?

목표를 100번씩 적고 입으로 되뇌었습니다. 또 잠들기 전에 이루어졌다는 확언을 하면서 그 장면과 분위기, 사람들의 축하를 상상했고, 아침에 일어나서도 상상했습니다. 불안해질 때면 밖으로 나가 전력 질주를 하며 부정적인 생각을 없앴습니다. 그런 지 20여 일 만에 목표가 이뤄졌습니다. 우연히 통화한 지인, 그리고 그걸 우연히 듣고 있던 지인의 지인이 제게 길을 열어줬고 수개월 동안 염원했던 일이 몇 시간 만에 이뤄졌습니다. 오늘부터는 다른 목표를 적고 도전을 시작했습니다. - @user-qu6gk3vd6h

1
2
3
4
5
6
7
8
9
10
11
12
13
14
15
16
17
18
19
20
21
22
23
24
25
26
27
28
29
30
31
32
33

68

69

70

71

72

73

74

75

76

77

78

79

80

81

82

83

84

85

86

87

88

89

90

91

92

93

94

95

96

97

98

99

100

12 일째

일상이 무난하다면 의심해야 합니다

당장 해야 하는 일들에 쫓겨 살면서 너무 많은 꿈들이 죽어갑니다. 여러분은 스스로의 현재 상황이 나름 괜찮다고 느끼실 수도 있을 거예요. 사람들과 무난하게 잘 지내고, 최소한의 경제적 품위를 지키며 살아가고 있으니까요.

그런데 혹시 여러분의 무의식 혹은 잠재의식이 '만족스럽지 않다.'라고 조용히 속삭이는 것을 느껴본 적, 한 번쯤 있지 않으신가요? 그런데 거의 대부분 이 소리를 그냥 무시하거든요? 잡생각, 망상, 헛소리 취급하면서요. 중요한 건요, 이 소리를 계속 이렇게 무시하면서 살면 인생의 어느 순간 엄청나게 후회한다는 겁니다.

당연하게 여겨왔던 '무난한' 지금 일상. 한 번 의심해보십시오. 정말 진심으로, 만족하시나요?

하와이 대저택 베스트 영상
〈성공한 사람들만 안다는 그 시리즈
_생각을 현실화하는 방법〉

"침대에 누워 걱정만 하는 게으른 완벽주의자" 듣자마자 뜨끔했어요. 머릿속에 떠다니는 생각만 한가득이라 목록을 만들어 해낼 때마다 체크를 해야겠다고 생각한 게 벌써 한 달이 되어가네요. 이런 제가 답답하고 한심하다고 느끼고 있던 차에 하대 님 영상을 보고 당장 볼펜을 들었어요. 목록을 써보려고요. 지금껏 진심으로 원하는 것을 이룬 적이 없었습니다. 아니, 생각조차 하지 않은 채 늘 '다음에…'라고 미뤄왔어요. 원하는 집, 배우자, 소득, 일등을 글로 써보고 그려도 봐야겠습니다. - @pinkmango4664v

1
2
3
4
5
6
7
8
9
10
11
12
13
14
15
16
17
18
19
20
21
22
23
24
25
26
27
28
29
30
31
32
33

68

69

70

71

72

73

74

75

76

77

78

79

80

81

82

83

84

85

86

87

88

89

90

91

92

93

94

95

96

97

98

99

100

13일째

자기 자신을 도와준다는 것

여러분, 우리가 지금 하고 있는 잠재의식에 부와 성공 소프트웨어를 새롭게 설치하기 위한 그 과정은, 100번씩 100일이니까 총 1만 번 문장을 쓰는 겁니다. 그리고 무엇보다 100일간 '연속으로' 해야 하고요.

이렇게 하기 위해서는 일단 여러분이 나 스스로를 도와줘야 합니다. 매일 하루도 안 빠지고 그 어떤 상황에서도 100번 쓰기를 할 수 있는 여건을 만들어줘야 한다는 거예요. 예를 들어 퇴근 후 밤늦게까지 회식을 하거나 개인적인 술자리가 있다면 못하는 겁니다. 그래서 저는 아예 100일 동안은 그런 상황 자체를 만들지 않으려고 했습니다. 무슨 수를 써서라도 회식을 가지 않았고 저녁 약속은 모두 정중히 고사했죠. 몸이 아팠던 날도, 너무 바빠서 새벽까지 야근하던 날도 예외 없이 다 했어요. 지금 '인생을 바꾸고 있는' 여러분을, 여러분이 도와주셔야 합니다.

출근하기 2시간 전에 일어나 목표 100번 쓰고 출근합니다. 그렇게 하니 확실히 좀 더 목표 집착을 하게 됩니다. 점심시간에도 동료들과 의미 없는 대화를 하는 것보다 책 한 장이라도 읽는 게 좋아지더라고요. 계속 성공 집착 해보겠습니다. - @user-jg6g-z1mr3v

1	
2	
3	
4	
5	
6	
7	
8	
9	
10	
11	
12	
13	
14	
15	
16	
17	
18	
19	
20	
21	
22	
23	
24	
25	
26	
27	
28	
29	
30	
31	
32	
33	

68

69

70

71

72

73

74

75

76

77

78

79

80

81

82

83

84

85

86

87

88

89

90

91

92

93

94

95

96

97

98

99

100

14
일째

살면서
한 번만 독하면
됩니다

1
2
3
4
5
6
7
8
9
10
11
12
13
14
15
16
17
18
19
20
21
22
23
24
25
26
27
28
29
30
31
32
33

여러분, 이제 벌써 14일, 2주가 되었어요. 여기까지 잘해오신 여러분들께 존경한다는 말씀을 먼저 드리고 싶습니다. 진심으로요. 이 과정은 사실 말은 쉬워도 실제로 해내기 굉장히 어렵습니다. 그런데 이걸 실제로 하고 나서 삶이 달라졌다, 살면서 꿈도 못 꾸던 그런 일이 일어났다 같은 피드백들을 제가 수없이 받았습니다.

정말 살면서 독해 본 적 있으세요? '열심히 한 것 같긴 한데…' 이런 거 말고요. 스스로 생각하기에도 '와 나 진짜 독하다.' 싶거나 주변에서 '너 뭘 해도 다 하겠다.'라는 말을 들을 정도로 뭔가를 독하게 해 본 적이 있으신가요? 살면서 죽기 전에 진짜 딱 한 번. 독해보는 겁니다. 남들은 여전히 상상만 하는 삶, 다른 세상 사람 이야기라고 생각되는 삶. 그게 여러분 삶이 됩니다. 제가 직접 온전히 경험했기에 이렇게 자신 있게 말씀드릴 수 있는 거예요. 남들이 들으면 비웃을 수도 있는 꿈, 감히 꿈으로도 못 꾸던 꿈. 그거 다 '현실화'시켜 보십시오.

💬 ────────────

벌써 미라클 러닝 14일차입니다. 미라클 러닝 전에는 미라클 모닝만 했었어요. 아침에 일어났다가 다시 누워 대저택 님의 영상을 이어폰으로 들으며 편히 있었는데, 이제는 신나게 바깥공기를 마시며 뛰고 들어와 찬물 샤워를 하고 책상에 앉아 듣습니다. 그리고 흐뭇한 마음으로 공감하면서 목표를 이룬 저를 끊임없이 떠올립니다. 다 듣고 나서는 목표를 이룬 제 모습을 공책에 적고요. 오늘도 성공했습니다. - @user-sy8m5gh9u

68

69

70

71

72

73

74

75

76

77

78

79

80

81

82

83

84

85

86

87

88

89

90

91

92

93

94

95

96

97

98

99

100

15 일째

속지 마세요 '진짜 목표'는 이런 겁니다

제가 많이 말씀드렸던 'C형 목표' 기억하시나요? 바로 이게 '진짜 목표'입니다. 밥 프록터의 분류법이죠? A형 목표는 여러분이 '이미 어떻게 이루는지 다 알고 있는 것'입니다. 매달 100만 원 저축이 가능하니 올 한 해 1,200만 원 모으는 게 목표라고 말하는 거죠. 이건 목표가 아니라 그냥 '스케줄'입니다.

'B형 목표'는 '어떤 조건만 맞아떨어지면 이룰 수 있다는 걸 이미 알고 있는 것'이죠. A형 목표에 더해 성과급으로 300만 원을 받으면 올해 1,500만 원 모으는 게 목표라고 말하는 겁니다. 마찬가지로 이것도 가짜 목표예요. '조건부 스케줄'이죠.

어떻게 이룰 수 있는지도 지금은 전혀 모르겠지만, 여러분이 원하는 것. 진심으로 원하는 것. 이게 진짜 목표인 'C형 목표'입니다. 지금 여러분이 적고 있는 그 목표, 진짜여야 합니다.

💬

하대 님 영상을 틈 날 때마다 오디오북처럼 들어요. 많은 성공을 이루셨음에도 늘 겸손하시고 친근하셔서 말씀이 더 와닿고 진정성이 느껴지는 것 같습니다. 하대 님 영상 중 하나를 계기로 100번 쓰기 시작했는데, 지금 15일째입니다. 벌써부터 운동을 자연스럽게 하게 되고 긍정적인 생각이 늘어나는 등의 변화가 있어서 놀랍고 신기합니다. - @hyesoo_yut

1	
2	
3	
4	
5	
6	
7	
8	
9	
10	
11	
12	
13	
14	
15	
16	
17	
18	
19	
20	
21	
22	
23	
24	
25	
26	
27	
28	
29	
30	
31	
32	
33	

	68
	69
	70
	71
	72
	73
	74
	75
	76
	77
	78
	79
	80
	81
	82
	83
	84
	85
	86
	87
	88
	89
	90
	91
	92
	93
	94
	95
	96
	97
	98
	99
	100

16 일째

자동으로 끌어당기기

끌어당긴다는 것. '뭐 여기저기서 이걸로 성공했다고 하니까 한 번 해보자. 아니면 말고.' 이렇게 하면 안 될 겁니다. 이건 테스트하는 게 아니에요. 습관을 만들어야죠. 끌어당기는 습관을요. 습관은 잠재의식에 각인시켜서 '자동화'시켰기 때문에 그걸 할 때 특별한 에너지가 들지 않는 겁니다.

그러면 '끌어당겨지는 기간, 그러니까 이루어지는 데 얼마나 걸리는가?'에 대한 저의 대답은 명확합니다. 끌어당기기를 자동화시켰는지 여부, 그렇게 일상으로 자리잡았는지, 이거에 따라 달라집니다. 처음에는 지금 하고 있는 100번 쓰기 자체에 에너지가 들겠지만, 이게 자동화되어 버리면 100번 쓰고 있는 그 문장에 모든 긍정 에너지를 투여할 수 있잖아요. 그러면 훨씬 잘 끌어당겨지는 거구요.

삶을 긍정하고 원하는 삶을 끌어당겨라! 긍정은 한 번 한다고 되는 게 아니더라고요. 습관이 되어야 하고 몸에 익어야 합니다. 피아노를 처음 배울 때와 같이요. - @user-bx4fj2gc2w

1
2
3
4
5
6
7
8
9
10
11
12
13
14
15
16
17
18
19
20
21
22
23
24
25
26
27
28
29
30
31
32
33

68	
69	
70	
71	
72	
73	
74	
75	
76	
77	
78	
79	
80	
81	
82	
83	
84	
85	
86	
87	
88	
89	
90	
91	
92	
93	
94	
95	
96	
97	
98	
99	
100	

17 일째

내 노력이 나를 위해 일하도록 만들기

흔히 투자할 때 "돈이 돈을 벌게 해야 한다."라고 하잖아요. 우리도 똑같이 '내 노력이 나를 위해 일하도록' 만들어야 합니다. 여러분 스스로를 여러분이 도와줘야 한다는 거예요. 순풍을 만들어 주는 거죠.

지금 매일 100번씩 쓰고 있는 여러분의 그 노력은 바로 나 자신이 미래의 나를 엄청나게 도와주는 상황이 되도록 세팅을 하고 있는 겁니다. 그런 의미에서 지금 미래에 있는 여러분은 현재의 여러분에게 엄청나게 고마워해야겠죠.

지금 쓰고 있는 그 문장 그대로, 여러분의 길을 가십시오. 저 길이 아무리 좋아 보여도 다른 사람이 만든 길을 그냥 따라가면, 그 끝에는 결국 '그 사람 목적지'가 있을 뿐입니다. 여러분의 목적지로 가기 위한 여러분의 길을 가세요.

💬 ⋯⋯⋯⋯⋯⋯⋯⋯⋯⋯

작년부터 하대 님의 영상을 꾸준히 보고 올해부터 100번 쓰기도 시작해 드디어 어제부로 100일 쓰기를 완료하였습니다. 중간에 못 하는 날도 많아서 더 오래 걸리긴 했지만 그래도 1만 번을 쓰는 동안 꿈에 더욱 가까워진 느낌이 듭니다. 100번 쓰기 시작하고 좋은 일도 많이 생겼습니다. 그렇게 원하던 이직도 하고, 더 좋은 집과 지역으로 이사도 하고, 또 내년이면 가족도 한 명 더 늘어나네요. 앞으로도 꾸준히 하대 님과 함께하며 제가 그리는 인생을 향해 나아가고자 합니다. - @soyeonlee1739

1	
2	
3	
4	
5	
6	
7	
8	
9	
10	
11	
12	
13	
14	
15	
16	
17	
18	
19	
20	
21	
22	
23	
24	
25	
26	
27	
28	
29	
30	
31	
32	
33	

68

69

70

71

72

73

74

75

76

77

78

79

80

81

82

83

84

85

86

87

88

89

90

91

92

93

94

95

96

97

98

99

100

18 일째

다른 사람 것을 대신 적지 마세요

"나는 2027년까지 100억 자산가가 되었고 많은 사람들에게 도움을 주며 살아가고 있다."라고 말하고 시각화도 열심히 하셨던 독자님이 있었습니다. 그런데 잠깐 이야기를 나누다 보니 "과연 5년 안에 제가 도대체 무슨 방법으로 100억을 모을 수 있을지는 잘 모르겠네요. 로또가 된다고 해도 10번은 되어야 하는 거니까… 투자로 그걸 번다고 하기엔 제 시드가 너무 부족하고요." 이렇게 생각하고 계시더라고요.

이미 생각은 '아마 안 될 거다.'라는 말을 잠재의식에게 계속 각인시키고 있는 겁니다. 아마 안 될 거라는 생각은 결국 나에게 일어날 일은 아니라는 생각이죠? 이건 결국 나와는 상관없는 '다른 사람의 일'을 상상하고 있는 겁니다. 누군지 알 수도 없는 다른 사람의 미래를 상상하니까 설레지 않는 건 너무 당연한 겁니다. '여러분 것'을 적어보세요. 적으면, 상상하게 됩니다.

사업에 실패하고 인생을 다시 시작해야 하는 시점에 서 있습니다. 좌절과 무기력 끝에 하고 싶은 일을 찾았는데 스스로 자신을 믿지 못하고 있는 저를 발견하곤 합니다. 꿈을 이룬 저를 생각하며 도전하겠습니다. - @user-oq6gt6yj3vt

1
2
3
4
5
6
7
8
9
10
11
12
13
14
15
16
17
18
19
20
21
22
23
24
25
26
27
28
29
30
31
32
33

68

69

70

71

72

73

74

75

76

77

78

79

80

81

82

83

84

85

86

87

88

89

90

91

92

93

94

95

96

97

98

99

100

19

일째

미래에 이미 존재하는 나

끌어당김을 하는 데 있어서 감사하기는 정말 중요합니다. 저는 시간이라는 것을 3차원이 아닌 4차원으로 생각하기 때문에 공간과 마찬가지로 시간도 특정한 좌표로 생각하거든요. 그러니까 미래의 어느 시점 점에 원하는 것을 이룬 나는 거기서 지금 잘 살고 있죠. 그렇게 잘 살고 있는 나를 지금 현재라는 좌표상에 위치한 내가 끌어당기고 미래라는 좌표상에 위치한 나도 지금 현재 나를 끌어당기고, 이렇게 서로 끌어당기는 거예요. 이미 여러분에게 있는 것들에 대해 감사하고, 미래에 원하는 것이 이미 이루어진 모습에 한 번 더 감사하고. 이렇게 하면 지금 현재를 버티는 게 아니라 설레는 과정으로 인식할 수 있습니다. 미래에 이미 존재하는 나와 점점 가까워지고 있으니까요.

모든 걸 이룬 미래의 나와 서로 끌어당긴다는 말씀 정말 너무 설렙니다. 아무리 시각화를 해도 가슴이 막 뛰고 그러지 않아 뭐가 잘못된 건지 고민이었는데, 미래에 목표를 이룬 내가 나를 기다리고 있고 반갑게 나를 맞아준다고 생각하니깐 막 설레고 너무 감동입니다. 눈물이 나려고 하네요. 매일 영상 듣고 또 듣고 저에게 필요한 이야기들 메모하고 추천해주시는 책들도 보고 있어요. - @eiewg2754

1
2
3
4
5
6
7
8
9
10
11
12
13
14
15
16
17
18
19
20
21
22
23
24
25
26
27
28
29
30
31
32
33

68

69

70

71

72

73

74

75

76

77

78

79

80

81

82

83

84

85

86

87

88

89

90

91

92

93

94

95

96

97

98

99

100

20일째

도대체 왜 효과가 없나?

처음에는 눈을 감고 원하는 걸 떠올리는 시각화를 할 때 잘 안 될 거예요. 무조건 잘 안 됩니다. 생각보다 쉽지 않거든요. 잡생각들이 엄청나게 떠오를 겁니다. 그리고 감사하기도 마찬가지죠? 처음엔 스스로 어색하고 습관이 안 돼서, 그리고 또 하루하루 지내다 보면 정작 까먹고 못해요.

이렇게 아직 습관으로 자리 잡지도 못했는데 시각화와 감사하기를 어쩌다 가끔 해보고 왜 안 끌어당겨지냐고 하는 건, 헬스장에 어쩌다 한 번씩 갔으면서 도대체 왜 다이어트 효과가 없냐고 말하는 것과 똑같아요. 성공한 많은 사람들은 신기하게도 똑같은 말을 합니다. 이루어지는 데 얼마나 걸리는지를 정하는 건 바로 자기 자신이라는 겁니다.

수능을 앞둔 고3입니다. 저는 수험 생활 중 지칠 때마다 하대 님 영상 및 댓글을 보며 힘을 얻곤 합니다. 영상을 보고 시간 압축을 알게 되어 실천하고 있는데, 불안과 잡생각을 버리고 제가 할 수 있고 해야 하는 일에 집중하니 안개로 뒤덮여 있던 제 꿈 '수의사'로 향하는 길이 보입니다. 시각화로 합격의 기쁨을 누리는 미래를 보고 경험하며 문장 쓰기를 지속하겠습니다. - @user-be-3wv6fg5f

1
2
3
4
5
6
7
8
9
10
11
12
13
14
15
16
17
18
19
20
21
22
23
24
25
26
27
28
29
30
31
32
33

68

69

70

71

72

73

74

75

76

77

78

79

80

81

82

83

84

85

86

87

88

89

90

91

92

93

94

95

96

97

98

99

100

21
일째

21일의 법칙

어느덧 21일, 정확히 3주가 되었습니다. 오늘까지 잘해 오신 여러분은 정말 엄청나게 높은 확률로 100일까지 '셀프 퇴장' 하지 않고 갈 수 있어요. 이건 그냥 제 생각이 아니라 의학적, 심리학적으로 검증된 겁니다. 혹시 '21일의 법칙'의 법칙을 아시나요?

미국의 성형외과 의사 맥스웰 몰츠 박사는 사고로 팔과 다리를 잃은 사람들이 심리적으로 적응하는 기간을 연구한 결과 이 21일의 법칙을 발견했습니다. 인간의 생각이 의심·고정관념을 담당하는 대뇌피질(뇌의 가장 밖)과 두려움·불안을 담당하는 대뇌변연계(뇌의 중간)를 거쳐서, 습관을 관장하는 뇌간(뇌의 가장 안)까지 가는데 걸리는 최소한의 시간이 바로 21일이라는 겁니다.

이렇게 100번씩 매일 쓰는 행위는, 이제 여러분 뇌의 가장 깊숙한 곳에 도달했습니다. 새로운 성공 소프트웨어가 여러분의 잠재의식에 아주 잘 설치되고 있다는 것, 꼭 기억하셨으면 좋겠어요.

저는 예전에 무엇을 하든지 삶에 대해 많이 부정적인 편이었어요, 그래서 하대 님께서 추천해주신 대로 저의 무의식을 긍정적으로 바꾸기 위한 확언을 21일 동안 100번 쓰기 완료했습니다! 다 끝난 지금은 마음의 평온함을 얻었습니다. 작년에는 말하기 확언을 하며 제가 원하는 바를 이루었었는데 쓰기 확언은 효과가 더 빠른 듯합니다! 이 경험으로 이젠 목표를 위한 100일 확언 쓰기에 도전해보려고 합니다. - carrie park

1
2
3
4
5
6
7
8
9
10
11
12
13
14
15
16
17
18
19
20
21
22
23
24
25
26
27
28
29
30
31
32
33

	68
	69
	70
	71
	72
	73
	74
	75
	76
	77
	78
	79
	80
	81
	82
	83
	84
	85
	86
	87
	88
	89
	90
	91
	92
	93
	94
	95
	96
	97
	98
	99
	100

22
일째

이 세상에
실패라는 게
없다면

여러분을 가두지 않은 상태, 이를테면 이 세상에 '실패'라는 단어도 개념도 없다면 어떤 삶을 살고 싶으신가요? 바로 이런 가정하에 여러분이 진짜 하고 싶은 그걸 찾아야 합니다.

그동안 살아오면서 막연히 부러워만 했던 것, 부러웠지만 여러분과는 상관없는 삶인 것 같아 애써 고개를 돌리고 바라보지 않았던 그것, 그렇게 아련한 잔상으로만 남아서 가끔씩 여러분을 씁쓸하게 만들었던 그거, 다시 끄집어내십시오. 이걸 가두고 있으면 여러분의 진짜 자존감은 절대 찾아오지 않습니다.

하와이 대저택 베스트 영상
〈한 인간이 운이 좋아지기 직전에
나타나는 징조들〉

몇 년 동안 끌어당김의 법칙에 대해서 듣고 읽으면서 머리와 마음에 상당한 혼돈이 있었어요. '이건 뭐지? 믿어야 하나?' 확언을 하면서도 '진짜? 맞아?' 이런 부분이 많았어요. 하지만 하대 님 영상을 들으면서 정리가 되었어요. 또 듣고 또 듣고 있습니다. 이해가 되는 부분들 정리해서 저도 완전히 제 습관으로 만들 생각입니다. - @user-zy6xz4km9z

1	
2	
3	
4	
5	
6	
7	
8	
9	
10	
11	
12	
13	
14	
15	
16	
17	
18	
19	
20	
21	
22	
23	
24	
25	
26	
27	
28	
29	
30	
31	
32	
33	

	68
	69
	70
	71
	72
	73
	74
	75
	76
	77
	78
	79
	80
	81
	82
	83
	84
	85
	86
	87
	88
	89
	90
	91
	92
	93
	94
	95
	96
	97
	98
	99
	100

23일째

정해진 룰은 없습니다

목표를 담은 문장이 반드시 하나여야 할 필요는 없습니다. 만약에 전혀 다른 분야, 그러니까 경제적인 목표와 커리어적인 목표 2가지 영역에서 모두 원하는 것이 있다면 각각 문장을 만드셔서 하면 됩니다. 상황이 되신다면 하루에 각각 100번씩 200번 하면 정말 좋겠죠. 그런데 그렇게 하기에는 1시간이 훌쩍 넘어가 버리기 때문에 저는 다음의 방법을 권해 드립니다.

'가장 원하는' 혹은 '이게 이루어지면 나머지도 자동으로 이루어지게 되는' 하나의 문장만 100번 쓰기를 해보세요. 대신 다른 문장들은 여러분의 '키 마스터 노트'에 적어 놓고 취침 전후로 한 번씩 읽어 보는 겁니다. 이거면 사실 충분해요.

정해진 룰이나 규칙 같은 건 없습니다. 목적은 무의식에 각인시키는 것이니까요. 각인만 시키면 됩니다. 매일매일 해 나가면서, 이것만 꼭 기억하시길 저는 진심으로 바랍니다.

자폐를 가진 5세 아이의 엄마입니다. 도무지 앞이 보이지 않아 힘들 때 절 끌어당겨 주셔서 너무 감사드립니다. 늘 많은 힘을 얻고 있어요. 지금껏 해보지 않았던 3분 명상을 한 지 이제 3일째입니다. 기분이 좋아지고 뿌옇던 시각화도 조금씩 윤곽이 드러나 그림까지 그려보면서 웃고 있는 절 발견합니다. 덕분에 웃고 살아요. 나를 바꿈으로써 우리 아이의 모습도 끌어당기는 중입니다. - !@
sooyeonyou1409

1
2
3
4
5
6
7
8
9
10
11
12
13
14
15
16
17
18
19
20
21
22
23
24
25
26
27
28
29
30
31
32
33

68

69

70

71

72

73

74

75

76

77

78

79

80

81

82

83

84

85

86

87

88

89

90

91

92

93

94

95

96

97

98

99

100

24 일째

쇠젓가락으로 시멘트에 글씨 쓰기

100일간 100번을 매일 쓰는 건 생각보다 쉽지 않아요. 전 11번째 문장 넘어갈 때부터 손이 엄청 아프더라고요. (저는 애플펜슬로 아이패드 굿노트에 썼습니다.)

간혹 손이 너무 아프니 그냥 타이핑하면 안 되냐고 묻는 분들이 계시는데요, 이걸 왜 하느냐를 항상 기억해주셔야 합니다. 우리 무의식에 각인시키기 위해서 하는 거잖아요. 손으로 쓰는 건 말로 할 때보다 우리 뇌에 더 강하게 각인됩니다. 이를 뒷받침하는 연구 결과도 수없이 많아요. 우리가 시험공부 할 때 괜히 손으로 쓰면서 하는 게 아닙니다.

우리 무의식 또는 잠재의식이 시멘트라고 한다면, 100번씩 말하는 건 나무젓가락으로 글씨를 쓰는 거예요. 손으로 100번씩 쓰는 건 시멘트에 쇠젓가락으로 글씨를 쓰는 것과 같습니다.

100일 쓰기는 정말 효과 있다고 생각합니다! 실제로 '8월에 이직하기'라는 내용으로 100번을 100일 동안 작성했습니다. 실제 이직은 10월에 했지만 내가 간절히 원한다는 것을 느끼는 시간이었습니다. 지금은 다른 목표로 100번 쓰기 50일차에 돌입했습니다. 이번에도 끝까지 해서 원하는 목표를 이루겠습니다. - @user-ty9wl6dh9s

1
2
3
4
5
6
7
8
9
10
11
12
13
14
15
16
17
18
19
20
21
22
23
24
25
26
27
28
29
30
31
32
33

68

69

70

71

72

73

74

75

76

77

78

79

80

81

82

83

84

85

86

87

88

89

90

91

92

93

94

95

96

97

98

99

100

25일째

끌어당김 맥시멀리스트

저는 소리 내어 100번 말하기는 단 하루도 빠지지 않고 몇 년째 계속하고 있는 중입니다. 이 글을 쓰는 오늘도 했어요. 그리고 100번씩 100일간 쓰는 건 재작년에 성공했습니다. 상상으로 시각화하기는 매일 잠들기 전 아이를 안고 재울 때, 산책할 때, 샤워할 때처럼 조금의 틈만 있으면 항상 하고 있습니다. 그리고 감사하기는 잠들기 전과 아침에 일어났을 때 항상 하는 것이 습관이 되었어요. 그리고 이 4가지 방법 외에도 추가적으로 하면 효과가 좋은 6가지 방법들도 있는데 참고로 저는 그 방법들까지 모두 다 합니다. 그러니까 저는 끌어당김에 있어서는 맥시멀리스트인 거예요.

저는 이 10가지를 모두 습관으로 만들어서 자동화시켰기 때문에 사실 그다지 힘들지도 않습니다. 그리고 생각해보면 세상에 이 10가지보다 힘든 일은 수백만 개는 될 거예요. 힘들지 않고, 오히려 저에게 플러스 에너지를 줍니다. 이 느낌을 여러분들도 꼭 느껴 보셨으면 좋겠어요.

💬 ───────────

신혼 시절, 우리 동네의 비싼 브랜드 아파트를 보며 남편이랑 "우리 나중에 저기 살자." 하고 여러 번 얘기했었는데, 그 아파트에 살게 된 지 어느덧 6년이 다 되어가네요. 16년간의 주부 생활을 벗어나 간호조무사 자격증을 따려고 공부하면서 우리 동네의 어느 의원 옆을 지나갈 때마다 '여기서 일하면 진짜 좋겠다. 집도 가깝고.'라고 늘 생각했었는데 자격증 따자마자 그곳에 취직해 지금 일한 지 두 달이 되어간답니다. 신기한 끌어당김의 경험이 아닌가 싶어요. - @user-sk2mw2qw2p

1
2
3
4
5
6
7
8
9
10
11
12
13
14
15
16
17
18
19
20
21
22
23
24
25
26
27
28
29
30
31
32
33

68

69

70

71

72

73

74

75

76

77

78

79

80

81

82

83

84

85

86

87

88

89

90

91

92

93

94

95

96

97

98

99

100

26 일째

100번을 성공한다는 것

100일째 100번째 문장을 쓰는 순간, 그러니까 1만 번째 문장을 쓸 때 정말 많은 생각들이 드실 거예요. 말로 표현할 수 없는 뿌듯함 같은 감정은 물론이고, '내가 이렇게 할 수 있는 사람이었구나' 하며 여러분 스스로를 재평가하게 되는 순간이 될 겁니다.

무엇보다 100일 동안 여러분은 총 100번의 성공을 하셨어요. 그 성공 경험은 여러분의 무의식에 남게 됩니다. 뇌는 '기분이 좋았던 그것'을 계속 반복하고 싶어 하거든요? 여러분이 100일 동안 적었던 그 문장을 뇌는 기어코 실제로 보게 만들 겁니다. 그렇게 될 수 있게 여러분을 도울 거예요. 그리고 그 무엇보다 그렇게 100일간 쓰며 여러분의 생각, 생활 패턴, 사고방식이 미묘하게 계속 바뀌어 갈 겁니다. 그게 바로 잠재의식에 부와 성공의 소프트웨어가 새롭게 깔리는 과정이니까요.

오전 6시에 pt 수업 듣기를 오늘부터 시작했는데, 출근 준비하면서 너무 피곤해서 내일부터는 다른 시간에 갈까 고민했습니다. 근데 하대 님 메시지 중에 "목표로 가는 길이 비포장 도로라면 그나마 다행"이라는 말이 제 마음에 콕 박혀서 도전을 계속하기로 마음먹었습니다. 평소 생활 할 때, 또 부동산 공부할 때에도 늘 잊지 않겠습니다! - @user-sn8zd4xx2p

1	
2	
3	
4	
5	
6	
7	
8	
9	
10	
11	
12	
13	
14	
15	
16	
17	
18	
19	
20	
21	
22	
23	
24	
25	
26	
27	
28	
29	
30	
31	
32	
33	

68

69

70

71

72

73

74

75

76

77

78

79

80

81

82

83

84

85

86

87

88

89

90

91

92

93

94

95

96

97

98

99

100

27
일째

목표가
이뤄지는
타이밍

1
2
3
4
5
6
7
8
9
10
11
12
13
14
15
16
17
18
19
20
21
22
23
24
25
26
27
28
29
30
31
32
33

당연히 100일째 되는 날 적은 것들이 바로 이루어지고 그렇지는 않아요. 저에게 사연 주신 분들 중에서는 100번을 쓰는 도중에 이루어졌다는 분들도 계셨었는데 물론 그런 경우도 있습니다. 그런데 보통 이렇게 100일간 쓰는 건 단기 목표가 아니라 최소한 중장기 목표를 쓰시기 때문에 100일째 '짠' 하고 이루어지진 않는 거죠.

저 역시 인생의 중장기 목표를 쓴 것은 아직 현실화되지 않았어요. 그런데 신기한 건 그렇게 쓴 이후로 지금까지 그 중장기 목표가 이루어질 수밖에 없는 방향으로 제 삶이 펼쳐졌고요, 목표를 이루기 위한 '중간 목표'들은 이미 꽤 많이 이루어졌습니다.

이 단계들을 하나둘씩 직접 현실로 겪으며 생기는 그 신기한 감정을 여러분들도 꼭 느껴보셨으면 좋겠어요.

저는 현재 1억이 넘는 빚을 지고 있는 사람입니다. 하지만 하와이 대저택 님 영상을 본 후 독서를 시작했습니다. 왜 진작 책을 읽지 않았나 너무 후회되지만 지금이라도 책을 접한 것에 너무 감사하며 하루하루를 살고 있습니다. 미라클 모닝, 독서, 끌어당김, 경제 공부, 투자 공부를 3개월 넘게 하루도 빠짐없이 해왔는데, 공부하고 독서하는 게 너무 행복하고 재미있습니다. 꼭 5년, 10년 안에 성공해서 감사함을 전하겠습니다. - @user-qh5hg4do5v

68

69

70

71

72

73

74

75

76

77

78

79

80

81

82

83

84

85

86

87

88

89

90

91

92

93

94

95

96

97

98

99

100

28
일째

반대로
생각하기

안 하던 걸 하려고 하면, 여러분의 의식이 다리 입구에서 마치 국경 수비대처럼 여러분을 딱 막아설 겁니다. 그리고 '두려움'이라는 감정을 횃불처럼 한 손에 들고 있을 거예요. 왜냐하면 여러분의 의식은 안 하던 생각, 안 하던 것, 안 가본 곳 그런 거 하지 말고 그냥 '지금'과 똑같이 그대로 평생 살아가는 걸 강하게 권장하기 때문입니다. 지금 딱히 목숨에 위협이 되는 상황은 아니니 어떤 새로운 생각, 행동 그런 걸 해야 할 필요가 없다고 판단하니까요.

그래서 정확히 그 반대로 생각하고, 상상하고, 행동하면 성공하는 겁니다. 명확하죠? 어려울 때마다 지금 말씀드린 이 '정확히 반대로' 방법을 떠올려 보십시오.

💬 ⟶

곧 100번 쓰기 30일차가 됩니다! 과거에는 부러운 사람들이 참 많았는데 지금은 그렇지 않아요. '나는 이미 성공했기 때문에 부러워할 필요가 없다.' 생각하거든요. 때로 너무 힘들거나 자괴감이 들 때는 이미 존재하고 있는 성공한 저를 떠올려요. 그러면 진짜 거짓말처럼 쑥 걱정이 내려가요. '그래, 어차피 미래의 나는 잘 살고 있는데 이런 작은 것에 휘둘리지 말자.' 하고요! 그리고 뭔가 걱정이 될 때도 '내 안에 답이 있다'라는 생각이 불쑥 튀어나와서 용감하게 행동하게 됩니다. - @user-bn2mi4xn7t

1	
2	
3	
4	
5	
6	
7	
8	
9	
10	
11	
12	
13	
14	
15	
16	
17	
18	
19	
20	
21	
22	
23	
24	
25	
26	
27	
28	
29	
30	
31	
32	
33	

68

69

70

71

72

73

74

75

76

77

78

79

80

81

82

83

84

85

86

87

88

89

90

91

92

93

94

95

96

97

98

99

100

29 일째

10명 중 1명이 된다는 것

맘에 안 드는 지금의 인생을 바꾸는 데 필요한 건 95%의 마인드 세팅과 5%의 전략입니다. "마인드 셋? 그런 거 왜 하지? 그런 거 할 시간에 실질적으로 도움이 되는 걸 하는 게 낫지." 싶다면 아직은 때가 아닌 겁니다. 확실한 건 그게 돈이든, 다이어트든, 독서든, 인생을 바꾸는 큰 결단이든 이 '마인드'가 없으면 이상하게 다 잘 안 될 거예요. 투자를 해도 그냥 돈을 잃었다가 조금 벌기도 했다가 또 잃었다가 그냥 그 정도로 시간만 5년, 10년 가는 거죠. 한 마디로 인생이 변하지가 않아요. 95%의 마인드 세팅을 이뤄낸 사람만 인생이 변합니다.

그리고 여러분, 사람은 변합니다. 여러분은 10명 중 1명입니다. 9명은 안 변하죠. 그런데 그 1명은 변합니다. '내가 10명 중 1명에 들어갈 수 있을까?' 솔직히 말씀드릴게요. 물론입니다. 그리고 굉장히 쉬워요. 왜냐면 나머지 9명은 아무것도 안 하니까요.

💬

하루 3시간도 못 자고 투잡을 뛰는 두 아이 아빠입니다. 하대 님 영상을 운전할 때나 쪽잠 잘 때 잘 듣고 있습니다. 오늘도 본업이 끝나고 잠시 쪽잠을 청한 뒤 알바하러 가는 길에 들었습니다. 전 최근 단 30분도 편히 이불 속에 누워본 적이 없네요. 알바하러 갈 때마다 '이렇게까지 해야 하나?' '포기할까?' '더 나아지긴 할까?' 하는 생각에 울컥할 때도 있지만, 마인드 컨트롤을 하면서 미래 모습을 시각화하는 데 집중합니다. "하지 않으면 변하지 않는다." 늘 제게 하는 말입니다. - @user-mm5bz4gt8e

1	
2	
3	
4	
5	
6	
7	
8	
9	
10	
11	
12	
13	
14	
15	
16	
17	
18	
19	
20	
21	
22	
23	
24	
25	
26	
27	
28	
29	
30	
31	
32	
33	

68

69

70

71

72

73

74

75

76

77

78

79

80

81

82

83

84

85

86

87

88

89

90

91

92

93

94

95

96

97

98

99

100

30
일째

수많은
선택의 결과

과거에 여러분이 했던 정말 수많은 선택의 결과들이 쌓이고 쌓여서 오늘 이 글을 보고 계신 여러분이 되었습니다. 그리고 그렇게 똑같이 지금부터 오늘의 내가 해 나갈 수많은 선택들이 쌓이고 쌓여서 미래의 내가 되는 거죠. 그 수많은 선택의 순간마다 베스트 초이스를 하지 못하고 최선이 아닌 차선을, 차차선을 선택합니다. 심지어는 최악을 선택하고요. 이렇게 좋지 않은 선택들이 차곡차곡 쌓인 미래의 나는 어떤 모습일까요? 반대로 여유 있는 마음으로 평정심을 유지한 채 좋은 선택들을 계속해 나간다면 몇 달, 몇 년, 몇십 년 후 나라는 사람의 결과 값은 정말 충격적일 정도로 큰 차이를 보일 겁니다.

그리고 바로 그 평정심을 유지하기에 가장 좋은 방법이 '감사하기'예요. 제가 말씀드렸죠? 끌어당김을 단 한 줄로 요약하면 '상상하기와 감사하기'입니다.

목표 100번 쓰기 30일째 하고 있어요. '처음엔 이걸 왜 쓰고 있지.' '생각보다 너무 힘들다.' '시간이 너무 많이 걸린다.' '하지 말걸 그랬다.' 싶었는데 쓰다 보니 순간순간 깨달음을 얻을 수 있었습니다. 100번 적는 과정에서 분명 생각의 변화가 일어났다는 생각이 듭니다. - @Jennie-kg8zy

1
2
3
4
5
6
7
8
9
10
11
12
13
14
15
16
17
18
19
20
21
22
23
24
25
26
27
28
29
30
31
32
33

68

69

70

71

72

73

74

75

76

77

78

79

80

81

82

83

84

85

86

87

88

89

90

91

92

93

94

95

96

97

98

99

100

31
일째

악당은
원래 거기에
있었습니다

한 번도 못 가져본 걸 가지려면 한 번도 해본 적이 없는 걸 해야 합니다. 이게 바로 식상한 바로 그 단어 '도전'이죠. '슈퍼마리오' 게임 다들 한 번쯤 해보셨죠? 시작하기 전에 악당들, 그러니까 거북이랑 각종 함정들이 하나도 없었으면 좋겠다는 기대를 하는 사람은 아무도 없거든요? 그런 악당들은 당연히 '원래 거기에' 있는 거니까요. 다만 '내가 어떻게 잘 통과할 수 있을까'를 생각할 뿐입니다. 그렇죠? 그런데 현실에서 우리는 앞길에 악당도, 함정도 없었으면 좋겠다고 생각해요. 이 마인드의 차이는 정말 큽니다.

《부자의 언어》저자 존 소포릭은 우리가 살면서 문제를 만나고 어려움을 겪는 건 좋은 목표를 가졌기 때문에 당연한 거라고 합니다. 문제는 '발생하는 것'이 아니에요. 그냥 원래 거기 있었던 겁니다. 여러분이 레벨업을 하려고 하니까 이제 드디어 '만난' 겁니다. 그러니 문제를 도대체 어떻게 해결해야 할지 모르겠다는 그 이유만으로, 여러분의 꿈을 절대로 축소하지 마십시오.

끌어당김의 법칙을 안 지는 10년 정도 되었는데 하대 님 만나서 이제야 구체적으로 실천해가고 있습니다. 100일 노트 31일차고요. 좋아하는 술도 절제해가면서 하루도 빠짐없이 적고 있습니다. 이제 31일차지만 확실한 것은 나 자신이 좋은 방향과 느낌으로 바뀌어가고 있다는 것입니다. - @user-yg3ji6jw2y

| 1 |
| 2 |
| 3 |
| 4 |
| 5 |
| 6 |
| 7 |
| 8 |
| 9 |
| 10 |
| 11 |
| 12 |
| 13 |
| 14 |
| 15 |
| 16 |
| 17 |
| 18 |
| 19 |
| 20 |
| 21 |
| 22 |
| 23 |
| 24 |
| 25 |
| 26 |
| 27 |
| 28 |
| 29 |
| 30 |
| 31 |
| 32 |
| 33 |

68

69

70

71

72

73

74

75

76

77

78

79

80

81

82

83

84

85

86

87

88

89

90

91

92

93

94

95

96

97

98

99

100

32
일째

마지막 챕터보다 중요한 것

'성공한 사업가' '투자로 성공한 누구' '대박 신화'… 너무 많이 듣고 봐서 이제 사실 별 감흥이 없죠? 그런데 미디어가 말하는 저런 타이틀은 자서전으로 치면 '마지막 챕터'에 불과합니다. 첫 페이지부터 200~300쪽에 이르기까지 이어지는 셀프 고립, 상대적 박탈감, 주변의 조롱, 비웃음 등 처절한 과정들이 적혀 있는 부분들은 모두 건너뛰고 사람들은 마지막 챕터에 적혀 있는 저 한 문장의 결론만 '발췌독'하고 기억합니다.

지금 여러분의 자서전을 쓴다고 생각해보세요. 화려한 마지막 챕터를 쓰기 위해서는 무조건 그 앞에 훨씬 더 많은 분량의 챕터들을 먼저 써야 할 겁니다. 여러분은 지금 그걸 쓰고 계신 거예요.

하와이 대저택 베스트 영상
〈유튜브에서 피를 토하는
미친 사람의 미친 영상〉

하대 님, 정말 인생 밑바닥까지 아니 지하까지 내려가보고 나니 이젠 올라갈 일밖에 없더라고요! 이젠 웬만한 어려움과 문제는 심각하게 느껴지지도 않고, 오히려 과거의 실패가 나를 성장하게 만들었다는 생각이 들어요. 영상을 보는 동안 눈물이 나더라고요. 오늘도 성장할 수 있도록 좋은 영상 올려주셔서 감사합니다. - @user-ot8pr7dp6f

1	
2	
3	
4	
5	
6	
7	
8	
9	
10	
11	
12	
13	
14	
15	
16	
17	
18	
19	
20	
21	
22	
23	
24	
25	
26	
27	
28	
29	
30	
31	
32	
33	

68

69

70

71

72

73

74

75

76

77

78

79

80

81

82

83

84

85

86

87

88

89

90

91

92

93

94

95

96

97

98

99

100

33일째

가장 중요한 것만

투자하려고 하면 위험한 온갖 종류의 리스크가 막 생각나죠? 그 순간 저는 제가 천재인 줄 알았어요. 순식간에 그렇게 논리적으로 엄청나게 많은 리스크들이 소위 AI처럼 떠오르더니요. 언제 찾아올지 모르는 경기 침체, 완화된 재정 정책과 통화 정책으로 인한 거품경제 리스크, 향후 테이퍼링, 금리 인상, 부동산 고점 논란, 수요 부족 등등 거의 경제학자 수준이었습니다.

그런데 그때 전 최대한 빨리 반대로 가장 중요한 것을 생각하려고 노력했어요. 투자하려는 이 물건의 '가치'와 '가격', 정말 딱 이 2가지에만 집중한 거죠. 좋은 가치라면, 공부를 통해 가치가 변하지 않을 것이라는 확신이 섰다면, 가격은 어차피 오르고 내리고를 반복하면서 결국 가치에 맞는 가격을 찾아갈 거라는 결론에 이르렀습니다. 그래서 자신감 있게 기쁜 마음으로 투자를 할 수 있었어요.

💬 ─────────────

'무엇에 집중하느냐가 결과를 정합니다.' '마음을 지배하는 생각이 삶을 지배합니다.' 마음의 권리를 행사하며 신념을 밀어붙이는 오늘을 살겠습니다. 짧은 메시지에 깊은 깨달음을 주셔서 감사합니다. - @boobada

1

2

3

4

5

6

7

8

9

10

11

12

13

14

15

16

17

18

19

20

21

22

23

24

25

26

27

28

29

30

31

32

33

68

69

70

71

72

73

74

75

76

77

78

79

80

81

82

83

84

85

86

87

88

89

90

91

92

93

94

95

96

97

98

99

100

34
일째

빚 때문에 미치겠다고 말하지 마세요

여러분이 평소에 하는 생각과 말을 곰곰이 생각해보세요. 신기하게도 사람은 자기가 싫어하는 것들에 대해 주로 생각하고, 이야기하고, 집중합니다. 끌어당김의 법칙은 여러분이 어떤 걸 좋게 생각하든 나쁘게 생각하든, 원하든 원하지 않든 그런 건 상관하지 않아요. 그저 여러분의 생각에 응답할 뿐인 거죠. 여러분이 빚에 대해 계속 생각하면 그 에너지를, 파동을, 주파수를 우주가 감지하는 겁니다. 빚 때문에 미치겠다고 말하면 실제로 빚 때문에 미칠 것 같은 상황이 현실로 계속 펼쳐질 거예요.

게다가 이런 말을 할 때 여러분은 이 '말'에 표현된 감각을 온몸으로 느끼게 됩니다. 부정적인 에너지를 스스로 느끼고, 그런 에너지가 정말 강하게 발산돼요. 그리고 그렇게 느끼는 것들을 여러분은 그대로 돌려받게 됩니다.

💬 ─────────────────

예전 같았으면 온갖 불평과 비관적인 생각에 사로잡혔을 제가 이렇게 긍정적인 마인드로 살아가고 있다는 게 너무 행복합니다. 하와이 대저택 님 덕분에 어떤 상황에도 긍정적으로 꿈을 끌어당기며 나가는 사람이 되었습니다. 지금 힘든 일을 겪고 있는데 이 역경은 오히려 절 성공할 수밖에 없게 이끌어간다는 생각이 저절로 들었습니다. 제 꿈이 현실로 끌어당겨진 2025년 그날 다시 댓글을 남기도록 하겠습니다. - @shlee614gd

1
2
3
4
5
6
7
8
9
10
11
12
13
14
15
16
17
18
19
20
21
22
23
24
25
26
27
28
29
30
31
32
33

68

69

70

71

72

73

74

75

76

77

78

79

80

81

82

83

84

85

86

87

88

89

90

91

92

93

94

95

96

97

98

99

100

35
일째
왜 원하는 것에 집중해야 하는가

부자는 '원하는 것'에 집중하고, 그렇지 않은 사람들은 '원하지 않는 것'에 집중합니다. 그리고 우주는 '집중하는 것'이 인생의 가장 큰 비중을 차지하게 만들어주죠.

부자는 어디서나 기회를 찾아보기 때문에 기회가 무궁무진합니다. 오히려 엄청나게 벌 수 있는 그 수많은 기회들을 어떻게 다 처리하느냐가 문제예요. 가난한 사람들은 무슨 상황에서든 장애물과 현실적으로 안 되는 이유를 먼저 찾습니다. 이러면 이제 장애물과 안 되는 것들이 무궁무진하게 펼쳐지는 거죠. 그 많은 장애물들을 어떻게 처리해야 하는지가 인생의 가장 큰 문제가 되는 거고요.

하브 해커도 우리에게 이런 말을 전합니다. "당신의 시선이 가 있는 곳이 당신 인생에서 커지게 되어 있다."

하대 님 메시지 보면서 눈물이 났어요. 제 두 딸에게 가난하게 사는 마인드만 심어준 것 같아서요. 하대 님의 선한 영향력으로 저도 소프트웨어를 갈아 끼우겠습니다. 제 마음을 움직이게 해주셨어요. - @user-bw4op3de9i

1
2
3
4
5
6
7
8
9
10
11
12
13
14
15
16
17
18
19
20
21
22
23
24
25
26
27
28
29
30
31
32
33

68

69

70

71

72

73

74

75

76

77

78

79

80

81

82

83

84

85

86

87

88

89

90

91

92

93

94

95

96

97

98

99

100

36
일째

논리적인 사람이 끌어당김을 대하는 자세

목표는 현실에 뿌리를 둬야지 도를 넘으면 안 된다고들 얘기합니다. 바로 대다수의 패러다임이죠. 목표를 확인하고, 목표를 이뤘을 때 느껴지는 그 감정까지 상상해야 하는데 법이나 공학, 회계, 숫자 분야에서 일하는 논리적인 좌뇌형인 분들은 이걸 하는데 실제로 꽤 많은 어려움을 겪습니다. 처음에 받아들이고 인정하는 것조차 어려워해요.

그런데 재밌는 건 이분들이 진짜 제대로만 하면 진심으로 실천해서 이뤄낸다는 점입니다. 그래서 진짜 큰 부를 이룬 분들 중에 이렇게 논리적인 머리를 갖고 있는 분들이 많아요. 이런 유형의 사람들은 굉장히 단호해서 확신이 딱 서면 그때부터는 진짜 제대로 하니까요.

💬 ...

하대 님 초기 영상부터 다시 보고 있는데, 반복을 왜 해야 하는지 새삼 느낍니다. 그리고 가장 가까운 목표 하나가 이뤄지고 있는 중입니다. 정부 지원 사업에 1차 합격했어요! 최종 선정 돼서 꼭 8,000만 원 지원받을 거예요. 매일 시각화하고 쓰고 말하던 게 점점 이뤄지고 있어서 소름 돋는 기분이에요. 시각화할 때 느꼈던 감정이 진짜 느껴져서 신기합니다. 계속 이어나가서 최종 선정 된 소식도 전하겠습니다. - @user-xk3mm7ld5t

1
2
3
4
5
6
7
8
9
10
11
12
13
14
15
16
17
18
19
20
21
22
23
24
25
26
27
28
29
30
31
32
33

68

69

70

71

72

73

74

75

76

77

78

79

80

81

82

83

84

85

86

87

88

89

90

91

92

93

94

95

96

97

98

99

100

37

일째

논리에 저항하면 그때부터 인생은 변한다

인생의 모든 위대한 도약은 논리에 저항하는 데서 시작합니다. '그거 진짜 내 꿈이긴 했지. 근데 난 못 해.' 이 마음이 없어져야 진짜 자존감이 생겨요. 여러분의 가능성을 여러분 스스로 인정했을 때 나오는 게 자존감입니다. '지금은 어떻게 해야 되는지 잘 모르겠지만, 난 그걸 당연히 해낼 거니까'라는 마음이 생겨야 자존감이 생긴다는 거예요. 자존감이 생겨야 이제 건강식이 맛있고, 운동할 마음이 생기고, 뇌와 장을 건강하게 만들고 싶어지고, 책에 눈이 가고, 공부하고 싶어지고, 표정이 밝아집니다. 내가 나를 가꾸고 싶어져요. 인생은 이렇게 바뀌는 겁니다.

여러분 외부의 환경, 여러분을 힘들게 만들었던 과거 그런 건 아무 영향도 미치지 않아요. 여러분이 노숙 생활을 했다 해도, 어마어마한 빚을 졌어도 괜찮아요. '가능성을 스스로 인정'해보십시오. 가벼운 마음 말고 진심으로 해보세요. 달라지게 되어 있습니다.

💬 _____

이제 나 자신을 믿는 방법을 찾았습니다. 가장 중요한 것이 내 잠재력을 믿고 꾸준히 계속 행동하는 것이라고 생각합니다. 성장하는 것이 이런 것이구나 싶습니다. 전 하대 님같이 행복한 삶, 소중한 내 시간과 내 인생을 사는 방법을 전하는 일을 하고 싶고 지금도 노력 중입니다. 감동은 진심에서 나온다는 진리를 깨달았습니다. - @user-te2bp8qv9e

1

2

3

4

5

6

7

8

9

10

11

12

13

14

15

16

17

18

19

20

21

22

23

24

25

26

27

28

29

30

31

32

33

68

69

70

71

72

73

74

75

76

77

78

79

80

81

82

83

84

85

86

87

88

89

90

91

92

93

94

95

96

97

98

99

100

38
일째

반복.
다른 건 없음

사람은 나 자신을 더 많이 들여다볼수록 생각이 심오해집니다. 깊어지는 거죠. 그 단계에 이르면 이제 인생에 끌려가는 게 아니라 여러분이 끌고 갈 수 있게 되는 겁니다. 그 단계에 이르는 방법은 단 하나, 반복입니다. 다른 건 없어요. 반복은 깨우침을 낳습니다. 만약 여러분이 인생을 바꿔줄 책이나 오디오북을 찾았다면 매일 반복하세요. 매일 들으세요. 그러면 여러분 패러다임이 변하고, 이제 반대로 그 패러다임이 여러분 인생을 바꿔줍니다.

원하는 모습을 아무리 잘 그려냈어도 반복 없이는 잠재의식이 될 수가 없어요. 오직 반복을 통해서만 그림에 담긴 감정과 생각을 잠재의식에 내면화할 수 있습니다. 다시 한번 말씀드릴게요. 생각에 그치지 말고 쓰고 또 써서 내면화하세요. 그래야 다음 단계로 나아갈 수 있습니다. 더 이상 누군가가 만들어준 패러다임 안에서 살면 안 되잖아요.

💬 ....

'속는 셈 치고 적어보자.' 하고 시작한 하루에 100번 쓰기, 오늘로 38일차입니다 지금까지 매일매일 써온 제 자신이 너무 고맙습니다. 1일차에는 멀게만 느껴졌던 꿈이 지금은 '가능할 수도 있겠는데?' 하는 감정으로 바뀌었습니다 오늘 하대 님의 영상에서도 나온, '어, 나 되겠다.' 하는 감정까지는 아직 아니지만, 부단히 쓰고 그 꿈을 이룬 미래의 제 모습을 상상하며 나아가겠습니다. - @user-ij2vh8cm8n

1
2
3
4
5
6
7
8
9
10
11
12
13
14
15
16
17
18
19
20
21
22
23
24
25
26
27
28
29
30
31
32
33

68

69

70

71

72

73

74

75

76

77

78

79

80

81

82

83

84

85

86

87

88

89

90

91

92

93

94

95

96

97

98

99

100

39
일째

아침
2분의 생각

1
2
3
4
5
6
7
8
9
10
11
12
13
14
15
16
17
18
19
20
21
22
23
24
25
26
27
28
29
30
31
32
33

아침에 2분만 시간을 내 보십시오. 불만족스러운 지금 상태를 하루라도 빨리 벗어나고 싶다면 매일 아침 2분 정도는 진짜 아무것도 아닌 겁니다. 2분만 딱 가만히 앉아 스마트폰도 없는 상태에서 부디 이 물음에 스스로 한번 답해보세요. "나는 정말로 어떤 걸 하길 바라는가?" 그리고 혼자 중얼거리세요. "내가 진짜 그것을 원하는가?" 그리고 대답을 꼭 하세요.

밥 프록터는 사람이 이걸 해보는 단계가 되면 누가 찾아와서 부동산이 부자가 되는 가장 안전한 최고의 방법이라고 아무리 말해도 별다른 관심이 생기지 않는다고 했습니다. 왜냐하면 '내 것'이 아니니까요. 밥 프록터가 자기 내면을 미치도록 파고 판 결과, 그에게 부동산은 답이 아니었기 때문입니다.

어딘가 마음이 흔들릴 때마다 '혼자' 생각을 해보세요. 여러분이 그러길 원하는지 끊임없이 본인한테 물어보며 저 아래 깊은 곳까지 들어가서 답을 찾아보십시오. 그 답은 여러분 안에 무조건 있습니다.

얼마 전 하대 님을 알게 된 후 문장을 만들어서 100일 100번 쓰기를 하고 있어요. 100번 쓰기를 하면서 묘하게 자신감도 생기고 무표정이었던 제 인상도 좀 웃상으로 바뀌었어요. 긍정적인 주파수로 맞춰지면서 좋은 일들만 생기는 거 같습니다. 미래의 제 모습이 점점 더 궁금해져요. - @jijee4164

69

70

71

72

73

74

75

76

77

78

79

80

81

82

83

84

85

86

87

88

89

90

91

92

93

94

95

96

97

98

99

100

40일째

대놓고 '욕망'해야 하는 이유

여러분. 부디 이제는 진정성 있게 여러분이 원하는 삶, 여러분이 원하는 모습, 사업, 커리어에 대해 생각해보세요. 살면서 간혹 뇌리에 스쳐도 '에이 그걸 어떻게…' 하면서 씁쓸하게 넘겼던 바로 그 그림들이요. 지금은 방법도 모르고, 자금도 부족하고, 시간도 없고, 현실적으로 도저히 이룰 수 없을 것 같아 보이지만, 여러분이 '정말 원하는' 그걸 생각해보십시오.

원하는 것, 이게 여러분이 목표를 이루기 위한 유일한 전제 조건이어야 해요. 여러분은 당연히 완벽하지 않아요. 그런데 여러분 가능성은 완벽하거든요? 그리고 사실 완벽한 사람이라는 것 자체도 허상이고요. 무엇보다 사람은 더 많이 원할수록 더 많이 행동합니다. 마음껏 대놓고 '욕망'해야만 에너지가 생기는 이유입니다. 자꾸 안 될 거라는 생각으로 욕망을 막아 두고 있으면 매일매일이 행복하지도 않고, 답답할 수밖에 없습니다.

💬 ─────────

마인드가 제대로 갖춰져 있지 않았을 때는 어떤 동기부여 영상도 공부 방법 영상도 그 안의 핵심이 와닿지 않고 확신이 생기지 않았습니다. 그런데 하와이 대저택 님 영상들을 정주행하면서 매일매일 듣고 100번 적기를 실천해서 이제 40일이 되었어요. 늦은 나이에 자격증 준비를 하다 보니 걱정도 많고 '될까?' 하는 의심으로 가득했었는데 이제는 조금씩 '나 되겠는데?' 하는 확신이 날마다 조금씩 커져갑니다. 열정적으로 공부하고 있는 제 자신을 보면서 많이 놀라고 있습니다. @user-zk3dp6id7f

1
2
3
4
5
6
7
8
9
10
11
12
13
14
15
16
17
18
19
20
21
22
23
24
25
26
27
28
29
30
31
32
33

68

69

70

71

72

73

74

75

76

77

78

79

80

81

82

83

84

85

86

87

88

89

90

91

92

93

94

95

96

97

98

99

100

41 일째

완벽한 단 한 가지

자존감은요, 여러분이 어떤 집에서 어떻게 태어나서 어떤 수저로 어떻게 자랐고 이런 거랑 관련이 하나도 없어요. 내가 진짜 바라는 걸 할 수 있다는 자신감을 가졌는가, 여기서 오는 게 진짜 자존감입니다. '나 되겠다.' 이 말이 마음속 깊은 곳에서 우러나와야, 그러니까 스스로를 120% 믿어서 그 말이 너무 당연하게 느껴질 때, 비로소 자존감을 가지게 되는 거예요.

완벽한 사람은 없습니다. 다시 한번 말씀드릴게요. 애초에 완벽한 것 자체도 없고, 완벽한 사람이라는 것 역시 세상에 존재하지 않아요. 다만 사람의 가능성만은 완벽합니다. 이걸 진짜로 제대로 이해하셔야 자존감이라는 걸 찾을 수 있습니다.

하와이 대저택 베스트 영상
〈부자가 되고 싶다면,
주말에 청소 말고 이걸 해라〉

혹시 몇 달 전 댓글에 두 아가의 엄마 맘시생을 기억하시는지요. 아가들을 어린이집에 보내고 짬을 내서 공부하며 하대 님 영상을 보던 기억이 납니다. 결과는 어떠하든 생각 않기로 하고 습관처럼 도서관 가서 책을 보던 제가 이번에 최종 합격하고 발령을 기다리게 되었습니다. 워킹맘이자 공무원으로서의 새 삶을 시작하게 됨을 하대 님께 꼭 알려드리고 싶었습니다. 앞으로 입직해서도 부단함으로 하대 님처럼 꾸준히 책 읽고 공부하며 경제적 자유를 위해서 정진해 나가고 싶습니다. - @user-yn6bx5ot4m

1
2
3
4
5
6
7
8
9
10
11
12
13
14
15
16
17
18
19
20
21
22
23
24
25
26
27
28
29
30
31
32
33

68

69

70

71

72

73

74

75

76

77

78

79

80

81

82

83

84

85

86

87

88

89

90

91

92

93

94

95

96

97

98

99

100

42 일째

주변 사람이 잘되면 기뻐하세요

부자가 되는 것, 이건 절대로 제로섬 게임이 아닙니다. 제로섬 게임은 기본적으로 한정된 무언가를 놓고 경쟁을 하는 거잖아요? 그런데 부는 제한적이지 않아요. 오히려 무한하죠.

그래서 여러분 주변 사람이 잘 되면 그건 좋은 겁니다. 그냥 좋은 것도 아니고 정말 좋은 거예요. 여러분과 친한 사람이 잘 될 수록 훨씬 더 좋습니다. 자신의 주위 사람 5명의 평균이 바로 자기 자신이라는 짐 론의 말처럼, 주위 사람이 자꾸 성공한다면 여러분의 성공 확률도 엄청나게 높아지고 있다는 걸 의미하는 거예요.

여러분 주변 사람들이 잘 되는 건 여러분이 잘 될 사람이어서 그런 겁니다. 여러분 주변 사람들이 좋은 사람들인 것 역시, 여러분이 좋은 사람이기 때문에 그런 거고요.

마인드셋의 핵심 논지를 받아들이고 유지하는 게 사실 굉장히 어렵고 부딪힐 때가 많은데 하대 님 영상은 차분하게 마치 상대방의 이해를 기다려주듯 설명해주니 참 좋아요. 자신에게 쏟아내던 부정적인 언사들을 멈추고 나를 용납하고 응원하는 삶을 사는 게 얼마나 중요한지 깨닫는 요즘입니다. - @pmaya217

년 월

1
2
3
4
5
6
7
8
9
10
11
12
13
14
15
16
17
18
19
20
21
22
23
24
25
26
27
28
29
30
31
32
33

68

69

70

71

72

73

74

75

76

77

78

79

80

81

82

83

84

85

86

87

88

89

90

91

92

93

94

95

96

97

98

99

100

43 일째

성공한 사람들이 운이 좋았다 말하는 이유

성공한 사람들 중에는 자기도 모르는 사이에 훌륭한 패러다임을 장착했는데 정작 본인은 패러다임이 뭔지도 모르는 경우가 많습니다. 그래서 자신의 성공 비결을 제대로 밀해줄 수가 없는 거예요. 알려주기 싫어서 일부러 그러는 게 아니라는 겁니다. 그래서 성공한 사람들한테 물어보면 다 "그냥 했어요." "운이 진짜 좋았던 것 같아요." 이렇게 말하는 거죠.

프랑스의 작가 볼테르는 "운은 무언가 알려지지 않은 원인이 영향력을 끼치는 현상을 설명해 내기 위해 우리가 만들어낸 것이다."라고 말했습니다.

네, 여러분. 운이 아니에요. 패러다임입니다. 잠시 잠깐 건강했고, 날씬했고, 독서에 미쳤었고, 소득을 바짝 올렸었고, 갓생을 살았던 좋았던 그 모든 상황들이 금방 사라져 버리는 건 다 잠재의식의 패러다임을 안 바꿔서 그런 거예요. 패러다임을 바꿔야 잠시 잠깐 누렸던 그 '전성기' 상태 그대로 평생 살 수 있습니다.

매일 부에 대한 확언 쓰기 100번, 확언 듣기 1,000번씩 하고 있어요. 예전에도 몇 번 시도했지만 며칠 못 갔는데 절실해지니 되긴 되더라고요. 지금 확언 쓰기는 43일차입니다. 못 쓰고 잠드는 날에는 새벽에 저절로 눈이 떠져서 꼭 다 쓰고 잡니다. 제 소프트웨어가 바뀔 때까지 꾸준히 해보렵니다. - @hskim2580

1
2
3
4
5
6
7
8
9
10
11
12
13
14
15
16
17
18
19
20
21
22
23
24
25
26
27
28
29
30
31
32
33

68

69

70

71

72

73

74

75

76

77

78

79

80

81

82

83

84

85

86

87

88

89

90

91

92

93

94

95

96

97

98

99

100

44일째

진짜 답을 알려줄 수 있는 사람

어제와 이어지는 메시지를 전해드리고자 합니다. 미디어를 보면 각종 분야의 전문가, 성공한 사람, 동기부여 강사, 교수, 철학자들 엄청나게 많이 나오잖아요? 날카로운 인사이트와 귀한 지식, 정보들을 전달해주지만 그걸 듣고 '나에게 적용해서 성공하기'에는 뭔가 그 핵심, 본질을 모르겠는 느낌이 든 적 있으실 거예요. 왜냐하면, 그건 그 사람들도 설명할 수 없어서 그래요. 그들은 성공적인 패러다임을 자연스럽게 장착해서 그냥 거기 맞춰 살아왔기 때문에, 그저 5%의 전략만 알려줄 수 있는 겁니다.

아무것도 아니었을 때부터, 바닥에서부터 생각을 바꾸는 원리가 진짜 있다는 걸 몸으로 심장으로 느껴본 사람만이, 즉 잠재의식에 소프트웨어를 새로 설치해 본 사람만이 그 답을 알려줄 수 있습니다. 5%의 전략이 아닌, 95%의 마인드에 대해 이야기할 수 있는 거죠.

하대 님의 영상을 제대로 이해하고 실행한다면 지금 이 시점부터 전혀 다른 사람이 될 수 있습니다. 예전으로는 절대 돌아갈 수 없을 거예요. 제가 그렇습니다. 밤 12~1시에 취침하고 아침 8시에 일어나 일과를 시작하던 제가 새벽 3시에 기상하여 일과를 시작하고 밤 9시 30분에 취침합니다. 몸무게 100kg 가까이 나가던 제가 지금은 20kg을 감량하여 곧 70kg대를 바라보고 있습니다. - @_RECU_

1	
2	
3	
4	
5	
6	
7	
8	
9	
10	
11	
12	
13	
14	
15	
16	
17	
18	
19	
20	
21	
22	
23	
24	
25	
26	
27	
28	
29	
30	
31	
32	
33	

68

69

70

71

72

73

74

75

76

77

78

79

80

81

82

83

84

85

86

87

88

89

90

91

92

93

94

95

96

97

98

99

100

45 일째

억지로 한다면 틀렸습니다

억지로 하는 것 같은 느낌이 들면 그건 패러다임의 법칙을 역행하고 있는 겁니다. '원하는 걸 찾았는데도 아침에 일어나기 힘들다. 뭔가 몸의 문제가 아니라 마음의 문제로 일어나기 힘들다.' 하는 느낌이 있다면 아직 못 찾아낸 거예요.

여러분이 진짜 원하는 삶을 찾아냈다면, 즉 목적을 가지고 목표에 맞춰 움직이기 시작하면 사소한 것들은 이제 '정말 아무것도 아닌 것'이 되거든요. 다 튕겨 나갑니다.

막힘없이 흘러가야 해요. 과정은 아직 모르겠어도 결과를 생각했을 때 비로소 막혔던 마음이 뻥 뚫린 느낌이라면, 이제 제대로 찾으신 겁니다. 그리고 잠재의식의 '엄청난 도움' 덕분에 여러분의 몸은 저절로 움직일 거예요.

💬 ⋯⋯⋯⋯⋯⋯⋯⋯⋯⋯⋯⋯⋯⋯⋯⋯⋯⋯⋯

올해 초, 처음 하대 님 영상을 보고나서 많은 것이 바뀌었습니다. 100번 쓰기를 하면서 상상도 못 했던 집 장만을 했고, 항상 부정적이었던 모습에서 매일, 매 순간, 심지어 잠들기 전까지 감사하며 제가 되고 싶은 사람처럼 생각하고, 갖고 싶은 걸 이룬 것처럼 행동하며 언제나 긍정적인 에너지를 갖고 행동하고 있습니다. 목표 없이 살았던 제게 작은 성공에서부터 큰 성공까지 이룰 수 있는 좋은 습관을 만들어주셨습니다. 제 인생을 힘든 하루가 아니라 설레는 하루로 바꿔주셔서 감사드립니다. - @masilgarden

1
2
3
4
5
6
7
8
9
10
11
12
13
14
15
16
17
18
19
20
21
22
23
24
25
26
27
28
29
30
31
32
33

	68
	69
	70
	71
	72
	73
	74
	75
	76
	77
	78
	79
	80
	81
	82
	83
	84
	85
	86
	87
	88
	89
	90
	91
	92
	93
	94
	95
	96
	97
	98
	99
	100

46
일째

여러분은
극소수입니다

마인드. 마인드셋. 잠재의식. 잠재력. 끌어당김. 지금 말씀드린 것들에 대해 거의 대부분의 사람들은 무시합니다. 그리고 비웃죠. 생각하기도 귀찮고, 그냥 싫고, 이상하고, 복잡하고, 뭔 소리 하는지도 모르겠고 정말 수천 가지의 이유가 있습니다. 그런데 그렇게 비웃었으면 최소한 만족한 삶, 행복한 삶을 살아야 하잖아요. 그들 대부분은 인생의 긴 시간 동안 행복하지도 않고, 원하는 만큼의 부를 갖지도 못한 채로 살아갑니다.

지금 이 글을 읽고 계신 여러분은 그래서 특별합니다. 소수 중에서도 극소수예요. 그런 여러분은 이제 지금까지 한 번도 가보지 못한 곳, 감히 갈 수도 없을 것 같았던 곳들을 밟기 시작하실 겁니다.

1년 동안 제가 원하는 삶을 살고자 매일 기도하고 매일 쓰면서 살고 있는데 아주 조금씩 변화가 일어나고 있습니다. 여전히 저는 그 과정에 있고 힘들지만 서서히 '아, 아주 조금씩 내가 원하는 것에 다다르고 있구나.' 하고 느낍니다. 또한 어떤 현상이 내가 원하는 대로 흘러가지 않을 때 이제는 '이건 나를 단단하게 만들기 위해 일어난 기회이구나.' 하는 생각이 들었는데 딱 그 이야기를 해 주셔서 놀랐습니다. 아직 갈 길이 남아 있지만 자신감을 얻고 계속 나아가려 합니다. - @bellamusicart

1
2
3
4
5
6
7
8
9
10
11
12
13
14
15
16
17
18
19
20
21
22
23
24
25
26
27
28
29
30
31
32
33

68

69

70

71

72

73

74

75

76

77

78

79

80

81

82

83

84

85

86

87

88

89

90

91

92

93

94

95

96

97

98

99

100

47 일째

남들 눈은 내 인생에 어떤 영향을 주는가

여러분은 여러분 스스로를 어떻게 생각하시나요. 이건 최소한 다른 사람들이 여러분을 어떻게 생각하는지와는 비교조차 할 수 없을 정도로 압도적으로 중요합니다.

다른 사람들의 의견이 중요했던 시절이 있었죠? 어릴 때는 사실 다 비슷비슷하죠. 저도, 여러분도 어렸을 때 다 그랬을 겁니다. 자랄 때 '남들이 보잖아.'와 같은 말들을 들으며 자랐고, 유치원에서 생애 처음 시작된 사회화 과정을 거칠 때는 필요했을 거예요. 그런데 이제 남들 말을 들으며 따라 하기에는 우리 나이가 너무나 충분히 많습니다. 그렇죠? 내가 뭘 하고 살지, 내 인생 내가 어떻게 이끌어갈지. 이제는 '남의 말'이 아니라 '나의 생각'을 들어야 한다는 겁니다.

여러분이 결정해야 할 걸 남들 손에 맡기는 삶을 살면 노년이 될수록, 죽음이 가까워질수록 깨닫게 될 겁니다. 남들 눈은 내 인생에 아무 영향도 미치지 못한다는 걸 말이죠.

💬 ──────────────

하대 님의 좋은 영상 덕분에 마인드셋이 완전히 자리 잡아가고 있습니다. 항상 자신감이 바닥이었는데 이젠 자신감 빼면 시체입니다! 원하면 가질 수 있다고 믿기 시작하니 거짓말처럼 인생이 바뀌어가고 있습니다. 그동안은 구체적인 목표가 없어서 힘들었는데 이제야 구체적인 목표들이 나타나기 시작했습니다. 앞으로 1년만 더 고생하면 제가 진정으로 원해온 삶을 살 수 있을 것 같아요. 믿어보세요, 자신을요. 맘껏 그려보세요, 내가 정말 갖고 싶은 것들을요. - @DJ0430

1
2
3
4
5
6
7
8
9
10
11
12
13
14
15
16
17
18
19
20
21
22
23
24
25
26
27
28
29
30
31
32
33

	68
	69
	70
	71
	72
	73
	74
	75
	76
	77
	78
	79
	80
	81
	82
	83
	84
	85
	86
	87
	88
	89
	90
	91
	92
	93
	94
	95
	96
	97
	98
	99
	100

48 일째

불안을 없애는 가장 좋은 법

여러분이 가려는 길이 불안한가요? 진짜 원하는데 내가 그걸 할 수 있을지 확신이 안 서나요? 그러면 여기서 해결해야 할 부분은 뭘까요? 자기 자신에 대해 불안하신 거잖아요. 대상은 바로 나 자신입니다. 사실 허무할 정도로 굉장히 간단합니다. 공포, 불안, 걱정, 의심 같은 감정은 기본적으로 잘 모르니까 드는 감정이에요. 따라서 나에 대한 의심은 나를 공부하면 해결됩니다.

그 외에 또 두려운 게 있으신가요? 그걸 공부해보세요. 아주 심플합니다. 그런데 거의 안 해요. 공부를 안 합니다. 왜 그럴까요? 바로 목적이 없기 때문입니다. 삶의 목적이 없으면 공부를 안 해요. 학교는 막상 목적을 찾는 방법은 알려주지 않습니다. 그러니 스스로 찾아야 해요. '무엇을 원하는가, 뭐가 목적인가, 이 목적을 이루려면 어떤 목표들을 세워야 하나, 어떤 공부가 필요한가.' 하고 말이죠.

💬 ─────────────

영상 보면서 정말 와닿는 게 많았고, 많은 생각을 하게 됐네요. 무의식이 결국 현재의 나를 만드는 계기가 되고 그 무의식도 긍정적인 생각으로 꾸준히 반복해서 가꾸다 보면 나의 한계를 벗어날 수 있는 계기가 된다는 뜻이 있네요. 매일 '나는 행복하다.' '나는 성공할 것이다.' 반복적으로 말하고 써보면서 제 무의식을 조금씩 바꾸기 위해 노력하고 실천해볼게요. - aida

1
2
3
4
5
6
7
8
9
10
11
12
13
14
15
16
17
18
19
20
21
22
23
24
25
26
27
28
29
30
31
32
33

68

69

70

71

72

73

74

75

76

77

78

79

80

81

82

83

84

85

86

87

88

89

90

91

92

93

94

95

96

97

98

99

100

49

일째

사슴 대신 사자를 검색하세요

우리 잠재의식은 구글의 슈퍼컴퓨터와는 비교조차 할 수 없는 정말 엄청난 능력을 지니고 있습니다. 상위 몇 퍼센트만 지니고 있는 게 아니에요. 사람이면, 모두가 지니고 있습니다. 바로 망상활성화 체계가 그것인데요. 이렇게 막강한 무기를 지니고 있는데도, 대부분은 나한테는 그런 게 없다고 생각하거나 복잡하기도 하고 어떻게 활용하는지도 모르겠으니까 그냥 신경 끄고 살겠다며 삶을 흘려보냅니다.

다만, 이 능력은 부정어를 따로 처리하지 않아요. 너무 많은 분들이 '빚, 문제, 트러블, 비만, 망한다'와 같은 키워드들을 '잠재의식 검색창'에 입력하고 있거든요? 그러면 안 됩니다. '사슴' 대신 '사자'를 검색하세요. '빚' 대신 '훨씬 더 큰 수입'을 검색해보세요. 그리고 '망하면 안 된다' 대신 '너무 잘 가고 있는 나'를 생각하고 검색하십시오.

어릴 때부터 하고 싶은 게 많아서 누가 알려주지도 않았는데 스스로 끌어당김의 법칙을 사용했었던 것 같아요. 하지만 주변 시선을 너무 의식하고 점점 잘난 모습과는 멀어지는 걸 느끼면서 어차피 안 될 거고 난 못 할 거라는 마음에 사로잡혔습니다. 그렇게 제 인생 최악의 선택을 한 지 10년이 흘렀네요. 오늘 영상 보면서 설레고 행복했어요. 꿈이 없어서 방황한다고 생각했는데 이 정도로 설레는 꿈이 아직 남아 있었나 봐요. 제 인생을 바꿀 수 있을 것만 같은 기대감이 듭니다. - @user-ld9bv7sf3w

1
2
3
4
5
6
7
8
9
10
11
12
13
14
15
16
17
18
19
20
21
22
23
24
25
26
27
28
29
30
31
32
33

68

69

70

71

72

73

74

75

76

77

78

79

80

81

82

83

84

85

86

87

88

89

90

91

92

93

94

95

96

97

98

99

100

50
일째

성공적으로 성공하는 중인 이유

여러분. 어느덧 절반, 50일차가 되었네요. 지금까지 어떤 생각들이 드셨나요? '50일이나 썼는데 생각보다 엄청난 느낌이나 변화가 막 느껴지지는 않는 것 같은데?'라는 생각이 들 수 있습니다. 지금 이 과정을 해 나가면서 가끔씩 그런 생각이 들 때면, 제가 지금 말씀드리는 '수련'을 한 번씩 떠올려 보셨으면 좋겠어요.

연못에 떠 있는 수련은 매일 전날 덮었던 수면의 두 배의 면적을 덮습니다. 초반에는 그다지 큰 면적을 차지하지 못하죠. 그런데 만약 99일째 되는 날 수면의 절반을 덮었다면, 그다음 날인 100일째 수련은 호수 전체를 덮어버리는 겁니다. 절반을 덮기까지 99일이 걸리지만, 전체를 덮는데 단 1일이면 되는 거죠.

지금 '성공적으로 성공하는 중'이라는 걸 잊지 마십시오. 여러분의 잠재의식은 연못, 지금 설치 중인 부와 성공 소프트웨어는 수련입니다.

수많은 자기계발서를 읽었는데 실행하지 못했던 100일 확언 쓰기를 하대 님 영상을 보고 실행하게 된 지 50일 만에 제가 썼던 확언이 명확히 윤곽을 드러냈습니다. 오늘은 59일차 확언을 쓰고 있어요. 이미 이뤄냈지만 또다시 이뤄내야 할 것이 보이기 시작했거든요. - @bylidia1878

1
2
3
4
5
6
7
8
9
10
11
12
13
14
15
16
17
18
19
20
21
22
23
24
25
26
27
28
29
30
31
32
33

68

69

70

71

72

73

74

75

76

77

78

79

80

81

82

83

84

85

86

87

88

89

90

91

92

93

94

95

96

97

98

99

100

51
일째

그런 생각이
드는 건
당연한 겁니다

잠재의식에 소프트웨어를 새로 깔기 위해서는 스스로에게 가능한 한 똑같은 내용을 되풀이해서 계속 말해줘야 합니다. 그리고 '무엇을 원한다'라고 하지 말고 '이미 되었다'라고 말해주세요. '그런데 내가 그걸 진짜 할 수는 있나?' '그리고 아직 안 됐는데?'라는 생각들을 여러분의 의식이 띄워 올리면서 자꾸 방어할 거예요. 그런데 그건 당연한 겁니다.

여러분이 원하는 것을 해 나갈 때, 그리고 그걸 위해 잠재의식에 소프트웨어를 새로 설치하는 지금 이 과정을 하면서 불쑥불쑥 이런 생각들이 등장한다면 불안해하고 걱정하는 대신 '그런 생각이 드는 걸 보니 나는 정상이네.'라고 생각해 버리면 된다는 걸 잊지 않으셨으면 좋겠습니다.

멘탈이 한없이 바닥을 칠 때 하대 님 영상 보면서 끼적이고 적어 놓은 목표 보면서 다시 긍정 마인드셋 했어요. 100번 쓰기 왜 하라고 하는지 두 번째 쓰면서 '아' 하고 깨달았어요. 쓰면서 무엇이든 하고자 하는 의지가 생겨나더라고요. 진짜 신기했어요. 상상하면서 행복해져서 미소 지었습니다. 이루고 싶은 또 다른 목표를 더 구체적으로 추가했습니다. - @user-xj7bb3ku3u

1	
2	
3	
4	
5	
6	
7	
8	
9	
10	
11	
12	
13	
14	
15	
16	
17	
18	
19	
20	
21	
22	
23	
24	
25	
26	
27	
28	
29	
30	
31	
32	
33	

68

69

70

71

72

73

74

75

76

77

78

79

80

81

82

83

84

85

86

87

88

89

90

91

92

93

94

95

96

97

98

99

100

52
일째

긍정적 감정의 힘

엄청나게 많은 사람들이 자기가 축복받은 존재라는 걸 모릅니다. 사람들은 10년도 더 전에 실수했던 일을 굳이 소환해서 막 괴로워하거든요? 스스로를 끊임없이 들들 볶고, 심지어는 자신이 설계한 감옥에 스스로를 가둡니다. '셀프 체벌'을 하는 거죠.

만약 여러분도 혹시 여러분이 만든 감옥에 여러분을 넣어 놓았다면, 멈추셔야 합니다. 그리고 그걸 멈출 수 있는 가장 쉬우면서도 효과적인 방법은 바로 감사하기입니다.

오늘은 이걸 꼭 기억해주셨으면 좋겠어요. 긍정적인 감정이 부정적인 감정보다 훨씬 더 강합니다. 심지어 감사함에서 얻는 에너지는 불안감, 분노, 실망에서 오는 에너지보다 훨씬 오래 지속됩니다.

하와이 대저택 베스트 영상
〈이 영상 하나면 끝.
잠재의식 바꿔 성공하기 EP02〉

말하는 대로 이뤄지는 사람 여기 있어요. 끌어당김의 법칙, 잠재의식 같은 건 잘 몰랐을 때도 항상 긍정적으로 생각하고 바라는 일을 얘기했었어요. 그리고 주위 사람이나 남편이 말도 안 된다고 했던 것들을 이뤄왔어요. 진심으로 상상하고 계속 주위 사람들에 얘기하니 이뤄지더라고요. 지금도 바라는 일이 있는데 1월부터 생각했고 4월에 구체화되었고 지금 거의 도달했어요. 신기하게 그런 상황이 오고 만들어지고 이뤄지더라고요. 긍정적인 마인드를 갖고 계속 생각하면 돼요. - @user-jc3vh4ib2i

1	
2	
3	
4	
5	
6	
7	
8	
9	
10	
11	
12	
13	
14	
15	
16	
17	
18	
19	
20	
21	
22	
23	
24	
25	
26	
27	
28	
29	
30	
31	
32	
33	

	68
	69
	70
	71
	72
	73
	74
	75
	76
	77
	78
	79
	80
	81
	82
	83
	84
	85
	86
	87
	88
	89
	90
	91
	92
	93
	94
	95
	96
	97
	98
	99
	100

53
일째

정신적 감옥에
살지 마세요

많은 사람들이 습관처럼 하는 말이 있습니다. "부자 될 팔자는 따로 있다." 이 말이 도대체 왜 안 좋을까요? 영화 〈쇼생크 탈출〉을 보면 죄수들은 삶에 대한 아무런 에너지도 없이, 자유를 향한 꿈도 사라진 채로 살아갑니다. 석방된 죄수조차 그 감옥으로 다시 돌아가기 위해 일부러 범죄를 저지르죠. 밥 프록터는 말합니다. "오래된 믿음의 한계 안에서 살기로 선택한 사람 역시 교도소의 죄수들과 다를 게 없다."

여러분도 부자 될 팔자는 따로 있다는 이 말을 믿어 오셨나요? 혹은 아직도 믿고 계신가요. 과거의 저는 정말 완벽하게 믿었습니다. 이 말은 제 스스로에 대한 '셀프 한계'를 정말 강하게 만들어 놓았던 겁니다. 스스로 정신적 감옥에 들어가 살지 마세요. 삶은 보이는 대로 믿는 게 아닙니다. 삶은 믿는 대로 보입니다.

💬 ......

30대 때부터 부자인 척하며 소모적인 삶을 살고 나름의 부를 이뤘다 생각했으나 쉰을 바라보는 이 나이에도 여전히 가난한 맘이 드는 이유를 알게 되었습니다. 내가 한계를 설정해 놓았음을 깨달았습니다. 갱년기 초기 증상을 겪고 모든 걸 다 내려놓고 싶은 워킹맘에게도 하대 님의 영상이 앞으로의 인생에서 디딤돌 역할을 해줄 것이라 믿습니다. 제 절실함이 하대님의 영상을 보도록 이끈 것 같습니다. 영상을 보는 모든 분들도 경제적 자유를 얻게 되길 기도합니다. - @user-ot1om8mi6n

1
2
3
4
5
6
7
8
9
10
11
12
13
14
15
16
17
18
19
20
21
22
23
24
25
26
27
28
29
30
31
32
33

68

69

70

71

72

73

74

75

76

77

78

79

80

81

82

83

84

85

86

87

88

89

90

91

92

93

94

95

96

97

98

99

100

54
일째

성공
소프트웨어
판독기

내가 지금 100% 믿고 있는 것들은 무엇인가?

나는 어떤 습관이 있지?

나 스스로 나는 어떤 성격이라고 생각하는가?

나는 훌륭한가?

나는, 나를 신뢰하는가?

진심으로, 나는 부자가 될 거라고 생각하는가?

이 질문들에 대한 답을 적어보십시오. 간단해도 좋습니다. 이 질문들이 바로 지금 여러분에게 새로운 소프트웨어가 어느 정도 설치되고 있는지, 그리고 '잘' 설치되고 있는지 판단할 수 있는 판독기이니까요.

현재의 나에게 관심을 가지고 이미 존재하는 미래를 상상하며 조금씩 현재 할 수 있는 행동을 하라는 하대 님의 말에 많은 생각이 들었습니다. 100번 쓰기를 8월부터 꾸준히 실행해왔는데, 시작할 무렵에는 집착 아닌 집착이었지만 시간이 흐르면서 편안한 맘으로 하게 되더라고요. 이게 맞는 건지는 모르겠지만 꾸준히 해보겠습니다. 시간이 흐를수록 제가 하고 싶은 게 확실해지는 듯해요. - @user-gx4me1wc8u

1	
2	
3	
4	
5	
6	
7	
8	
9	
10	
11	
12	
13	
14	
15	
16	
17	
18	
19	
20	
21	
22	
23	
24	
25	
26	
27	
28	
29	
30	
31	
32	
33	

68

69

70

71

72

73

74

75

76

77

78

79

80

81

82

83

84

85

86

87

88

89

90

91

92

93

94

95

96

97

98

99

100

55일째

습관은 '더하기'가 아니다

너무 피곤하거나 엄청나게 바쁜 날에도 체육관의 모습을 드러내는 게 얼마나 가치 있는지 우리는 깨닫지 못합니다. 운동을 하기로 했으면 단 30초라도 운동을 해야 지금까지 여러분이 쌓아온 걸 잃지 않는 겁니다. 제대로 각 잡고 못하더라도 운동을 '그냥' 하는 그 자체가 습관을 만드는 데 굉장히 중요하다는 걸 말씀드리고 싶어요. 그리고 이건 운동뿐만 아니라 우리 일상 거의 모든 부분에 적용됩니다.

조금 꾸물거린 바람에 제대로 하지 않은 운동들도 예전에 잘했던 날들과 '계속해서 혼합'되는 거예요. 습관은 '더하기'가 아니라 '곱하기'입니다. 곱하기에서 중간에 0이 하나 있으면 어떻게 되나요. 그건 그냥 0이잖아요. 여러분이 쌓아둔 걸 0으로만 만들지 않으셨으면 좋겠어요.

습관이 교정된다는 걸 실감해요. 하루 4시 기상, 명언 필사, 한 줄 일기, 다짐 쓰기, 독서 30분, 산책 1시간을 매일 해오고 있습니다. 신기하게도 생각지 못한 좋은 영향이 있었어요. 먼저 와이프가 독서를 하니까 아이 셋이 독서 시간을 기다리게 되었습니다. 또 산책 시간을 가지면서 와이프랑 가까워지고, 전공 자격증 시험 합격도 하고 뭐든 자신감이 생기네요. 프리랜서 일 수주와 소개도 늘고 있어요. -@tomlee7283

1	
2	
3	
4	
5	
6	
7	
8	
9	
10	
11	
12	
13	
14	
15	
16	
17	
18	
19	
20	
21	
22	
23	
24	
25	
26	
27	
28	
29	
30	
31	
32	
33	

68

69

70

71

72

73

74

75

76

77

78

79

80

81

82

83

84

85

86

87

88

89

90

91

92

93

94

95

96

97

98

99

100

56
일째

부자가 될 수밖에 없는 합리적인 이유

부자가 될 운명이나 영화를 누릴 팔자가 따로 존재할까요? 부유한 사람들은 부자가 될 운명이기 때문에 부유한 게 아니라 부를 얻고, 유지하고, 키우는 일에 몰두했기 때문에 부유한 것입니다.

가령 제가 하는 말에 대해 이렇게 생각하시는 분들도 계실 겁니다. "진심으로 상상하면 그게 이루어진다고? 말이 되는 소리를 좀 해라." 그럼 저는 이렇게 생각하죠. '인간사 미리 정해져 있다고? 그럼 뭐 하러 학교를 다니고, 직장을 다니나. 중년에 재물운이 좋으면 중년이 될 때까지 그냥 누워만 있으면 부자가 될 텐데.' 뭐가 더 합리적인가요?

인간사 미리 정해져 있다는 근거는 사실 그 어디에서도 찾아볼 수가 없지만 누군가가 상상한 대로 이뤘다는 근거는 어렵지 않게 찾을 수 있습니다. 여러분이 지금 읽고 계신 이 글도 그 수많은 증거 중에 하나이고요.

💬 ⚋⚋⚋⚋⚋

아무것도 안 하는 사람과 그 목표를 세우고 시작을 행동으로 옮기는 사람은 이미 그 순간부터 점점 멀어집니다. 저는 이걸 계단 법칙이라 부르고 싶습니다. '저길 언제 오르지? 귀찮아. 내일 하자.' 누군가 이렇게 말하며 미루고 있는 동안 이미 시작을 한 사람은 계단 위까지 거의 다 올라가 있다는 거죠. 저는 조금 늦게나마 이런 사실을 깨닫고서 실행을 하는 중인데, 정말로 목표가 이루어졌습니다. 이건 사실입니다. 목표를 위해 지금 시작하세요! 중간에 포기하지 마세요! - @kpsyuri

1
2
3
4
5
6
7
8
9
10
11
12
13
14
15
16
17
18
19
20
21
22
23
24
25
26
27
28
29
30
31
32
33

68

69

70

71

72

73

74

75

76

77

78

79

80

81

82

83

84

85

86

87

88

89

90

91

92

93

94

95

96

97

98

99

100

57
일째

내 스펀지의
색깔

마인드라는 건 결국 잠재의식입니다. 여러분의 잠재의식을 스펀지라고 생각해보세요. 바닥에는 온갖 색깔의 물감들이 칠해져 있습니다. 그런데 여러분의 잠재의식을 제대로 세팅해 놓지 않으면 그 스펀지를 그냥 바닥에 끌고 다니는 거랑 똑같아요. 그러면 온갖 색의 물감들이 다 묻겠죠. 잠재의식이라는 스펀지는 바닥에 묻은 그 물감들을 전부 다 흡수하니까요. 그러면 스펀지는 여러분이 의도하지도, 예상하지도 않았던 '알 수 없는 색'이 되는 겁니다.

그런데 사람들은 '이 색깔이 내 인생이네' '나는 이렇게 살아야 되나 보다' '내 팔자가 그렇지 뭐' 이렇게 생각하고 이 색깔이 나라는 사람이라고 믿어버리고 평생을 살아갑니다. 그런데 그거 아니거든요. 여러분의 잠재의식이잖아요. 그러면 그 스펀지를 여러분 손에 딱 들고, 여러분이 원하는 색을 콕 집어서 묻혀야죠. 여러분의 스펀지는, 여러분이 원하는 바로 그 색이어야 합니다.

💬

수만 갈래의 길 중에 어찌어찌하다 보니 한 가지 길을 선택하고 안주하고 있는 나를 봅니다. 딱딱한 스펀지로 살다가 죽는다면? 평생 가난을 물려준다면? 새롭게 내 인생을 구해 가족들에게 진정한 자유의 삶을 주고 싶습니다. 하와이 대저택 님의 영상을 보면서 끌어당김과 시각화, 100번 읽고 쓰기, 명상을 실천하며 변화를 경험하고 있습니다. - @user-kq4ch2og5e

년 월

1
2
3
4
5
6
7
8
9
10
11
12
13
14
15
16
17
18
19
20
21
22
23
24
25
26
27
28
29
30
31
32
33

68

69

70

71

72

73

74

75

76

77

78

79

80

81

82

83

84

85

86

87

88

89

90

91

92

93

94

95

96

97

98

99

100

58일째

피 대신 생각이 흐르게

제게는 인생을 송두리째 쥐고 흔든 고통스러운 일이 있었고, 또 배움이 있었고, 그 사이사이엔 생각들이 있었습니다. 그리고 언제부터 제 인생을 이끌어 온 문장은 이거였어요. "피 대신 생각이 흐르게 한다."

그때부터 시작했습니다. "나는 나를 주저앉게 만든 그 분야 투자를 제대로 공부해서 2년 안에 결국 잃은 돈의 두 배를 넘게 벌었다." 이렇게 적었어요. 매일 100번씩 혼자 말하고 100번씩 썼습니다. 사실 과거의 저는 책을 읽다가도 '쓰고, 생각하고, 소리 내서 말하라'는 내용들은 그냥 넘겨버렸습니다. 대신에 내 인생에 '실질적인 도움'이 되는 내용들을 한 줄이라도 더 읽고자 했죠. 그런데 엄청나게 많은 책들마다 진짜 왜 이러지 싶을 정도로 그런 내용들이 계속 나오는 거죠. 100권쯤 독파했을 때쯤 이런 결론에 이르렀습니다. '저자마다 표현만 다를 뿐, 쓰고 말하고 상상하라는 말을 하고 있구나.'

💬 ─────────────

하대 님 유튜브는 정말 가치 있는 영상이에요! 제가 고등학생이었을 때 항상 잠들기 전 상상했던 일을 성인이 되어 비슷하게나마 실현했는데, 전 이걸 믿거든요. 제 직업에 한계가 와서 인생에 터닝포인트가 필요했는데, 하대 님의 영상을 보니 다시 해볼 의지가 생겼어요. 굿노트에 100일간 100번 목표 적기, 저를 위해 해볼게요! - @dongajang5883

1
2
3
4
5
6
7
8
9
10
11
12
13
14
15
16
17
18
19
20
21
22
23
24
25
26
27
28
29
30
31
32
33

68

69

70

71

72

73

74

75

76

77

78

79

80

81

82

83

84

85

86

87

88

89

90

91

92

93

94

95

96

97

98

99

100

59
일째

이렇게 하니
무조건
이뤄지더군요

저는 100번씩 100일 동안 단 하루도 빠지지 않고 썼습니다. 1,000번씩 90일 동안 매일 말했습니다. 아파서 새벽 3시에 응급실에 갔던 날도, 미치도록 피곤했던 날도, 좌절감과 불안함이 제 스스로를 완전히 압도할 때조차도 그냥 썼습니다.

남들이 유튜브 영상 30개 보고 실제로 투자하러 다닐 때, 저는 유튜브 영상 2,700개 보고 투자하러 다녔습니다. 남들이 책 5권 읽고 투자할 때, 저는 104권 읽고 투자했습니다. 네, 직장인이던 시절 퇴근하고 매일 했습니다. 잠이 너무 쏟아져서 화장실로 들어가 서서 영상 보고, 서서 책 읽었습니다. 화장실에서는 못 자니까요. 다 볼 때까지 화장실에서 안 나왔습니다. 가끔은 마음이 너무 고되어 화장실 바닥에 주저앉아 있기도 했지만요. 이렇게 하고 나서 알게 된 것이 있습니다. '이렇게 하니 다 이루어지는구나.'라는 걸요.

하와이 대저택 님의 메시지는 진실성이 느껴집니다. 크게 와닿습니다. 고민하다가 주저앉기를 반복했던 저를 비롯한 많은 분들께 실행하겠다는 의도를 불러일으켜 주셔서 감사합니다. 하와이 대저택 님은 세계적인 동기부여 전문가가 되실 겁니다. - @user-wr4ui3dp3h

1

2

3

4

5

6

7

8

9

10

11

12

13

14

15

16

17

18

19

20

21

22

23

24

25

26

27

28

29

30

31

32

33

68

69

70

71

72

73

74

75

76

77

78

79

80

81

82

83

84

85

86

87

88

89

90

91

92

93

94

95

96

97

98

99

100

60 일째

행동을 지속시키는 '문장'의 힘

제가 쓴 문장은 제가 노트에 적고 난 후 정확히 2년 후에 이루어졌습니다. 사실 그 문장의 목표보다 더 좋은 성과를 이뤘죠. 여기서 이렇게 물어보실 수도 있겠죠. "그렇게 죽기 살기로 매달렸는데 안 될 리가 있나요?" 선후가 잘못됐습니다. 그 문장이 있었기 때문에, 아침마다 썼기 때문에 제가 이 '행동'이라는 걸 계속할 수 있었던 겁니다.

어느 날 갑자기 포텐이 빵 터진다 그런 거 없어요. 이런 기대에 빠져 있으면 기회가 와도 그게 기회인지 아닌지 자체를 알 수조차 없습니다. 100번씩 100일간 쓰기? 처음에는 귀찮은 일 하나 생겼다는 생각만 들 거예요. 그래서 잠재의식에 소프트웨어부터 깔아야 하는 겁니다. 그게 순서예요.

100일 노트 쓸 때마다 하와이 대저택 님 영상들을 들으면서 했는데 효과가 두 배 세 배는 더 좋았던 것 같아요. 하루에 고작 30~40분 투자해서 내 인생이 바뀐다면 도전해볼 만한 가치가 충분히 있지 않을까 하고 시작했는데, 하루이틀이 모여 지금 60일차가 됐습니다. 책을 한 페이지, 아니 한 줄조차도 읽지 않던 제가 이렇게 바뀌게 된 것이 참 신기합니다. - 경민

1
2
3
4
5
6
7
8
9
10
11
12
13
14
15
16
17
18
19
20
21
22
23
24
25
26
27
28
29
30
31
32
33

	68
	69
	70
	71
	72
	73
	74
	75
	76
	77
	78
	79
	80
	81
	82
	83
	84
	85
	86
	87
	88
	89
	90
	91
	92
	93
	94
	95
	96
	97
	98
	99
	100

61

일째

나 자신과 대화하기

여러분 스스로를 과대평가하십시오. 겸손은 다른 사람들과 사회생활할 때 챙기면 되는 거예요. 여러분 스스로와 대화하는 그 순간에는 자신을 낮추고, 과소평가하고 그러면 안 됩니다.

여러분은 스스로를 잘 몰라요. 왜냐하면 안 친하니까요. 안 친한 이유는 뭘까요? 살면서 제대로 된 대화를 해본 적이 없어서 그래요. 여러분이라는 사람이 진짜 뭘 좋아하고 싫어하는지, 정말 원하는 건 무엇인지, 얼마나 더 멀리 갈 수 있는 사람인지 모를 수밖에 없는 겁니다.

대화를 해보셔야 해요. 민망한가요? 그럴 땐 이걸 꼭 생각하세요. '아니, 아무도 못 듣는데 뭐가 민망한가' 라고 말이죠. 여러분의 잠재의식에게 묻고, 또 답을 들려주세요. 그 잠재의식을 여러분 안에 또 다른 나라고 생각하면서 대화를 해보세요. 해본 사람과 하지 않은 사람, 거기서부터 인생은 다르게 갑니다.

지방대 디자인과 4학년 졸업 예정자인 학생입니다. 얼마 전 끌어 당김의 법칙으로 국내 톱티어 디자인 에이전시에 취업했습니다. 정말 몇 달 전까지만 해도 상상할 수 없었던 일인데 원하는 모습을 시각화하고 온전히 그 기분을 느끼고 일기 쓸 때 이미 감사한 것으로 기록하니 정말 현실이 되어 있었습니다. 중간중간 의심이 들고 불안하기도 했지만 그럴수록 원하는 것에 집중했습니다. 이게 정말 됩니다. 신기할 정도로요. - @karrrr567

1
2
3
4
5
6
7
8
9
10
11
12
13
14
15
16
17
18
19
20
21
22
23
24
25
26
27
28
29
30
31
32
33

68

69

70

71

72

73

74

75

76

77

78

79

80

81

82

83

84

85

86

87

88

89

90

91

92

93

94

95

96

97

98

99

100

62
일째

셀프 퇴장 금지

여러분, 셀프 퇴장만 하지 마세요. 누가 막 방해하고, 모함하고, 권모술수를 부려서 여러분 앞을 가로막는 것도 아닌데 왜 퇴장하나요? 그건 여러분을 실제로 방해하고, 모함을 해서라도 여러분을 무너뜨리고 싶어 하는 사람들에게 '협조'하는 겁니다.

우리는 보통 어떤 일을 시작하기 전에 되게 분주하죠? 정보도 수집하고 적절한 타이밍을 재면서 전략을 막 수립합니다. 소위 각을 계속 보는 거예요. 그러다 이제 현실적인 어려움, 실패했을 때의 리스크 등을 걱정하게 됩니다. 결국 결론은 '최적의 타이밍이 오면 그때 제대로 하자'가 되죠. 그렇게 그 일은 '언젠가'의 영역으로 보내지는 거예요. 그런데 생각해보면 분명히 5년 전에도 그걸 하는 건 '언젠가'였거든요. 그런데 지금도 여전히 '언젠가'에 있어요. 제 주변에도 이런 분들이 정말 엄청나게 많습니다. 꼭 기억하세요. '언젠가의 여러분'에게는 '지금의 여러분'이 필요합니다.

💬 ⸺⸺⸺⸺⸺⸺⸺⸺⸺⸺

매일 아침 일어나자마자 하대 님 영상 보면서 마음을 다잡고 하루를 시작하는 게 루틴이 되었습니다. 100번 쓰기도 예전에 댓글 달 때는 21일차였는데 지금은 62일차입니다. 성공이란 이런 작은 성공을 하면서 조금씩 자신을 인정해 나가는 일인 것 같습니다. 제 자신이 너무 멋진 사람 같습니다. 먼저 시작하고 성공한 분들이 다들 큰 사람들로 보입니다. 혼자가 아닌 거 같아 힘이 납니다. - @user-gi9oc6qy1e

1
2
3
4
5
6
7
8
9
10
11
12
13
14
15
16
17
18
19
20
21
22
23
24
25
26
27
28
29
30
31
32
33

68

69

70

71

72

73

74

75

76

77

78

79

80

81

82

83

84

85

86

87

88

89

90

91

92

93

94

95

96

97

98

99

100

63
일째

일단 오늘을
성공하세요

성공은 여러분이 원하는 것, 원하는 삶에 도착하는 겁니다. 거기에 도착하려면 가장 처음으로 '지금' 한 걸음 떼어야죠. 걷는 게 남들보다 서툴러도, 속도가 느려도 상관없어요. 절대적으로 중요한 건 '한 걸음 또 갔다'는 겁니다. 그게 오늘의 성공이고요.

일단 '오늘 성공'을 해야 내일이 되면 이제 한번 해본 게 되는 거거든요. 그리고 그 과정은 여러분의 잠재의식이 흡수합니다. '어제도 했고 지난주도 했고 지난달도 했는데 오늘은 왜 못하나.' 이렇게 가는 거예요. '오늘 성공'을 반복하다 보면 이제 여러분이 원했던 여러분 모습, 원했던 그것, 이루길 원했던 부가 흐릿하게 보이기 시작합니다. '하루 성공'이 계속 쌓여서 '인생 성공'이 되는 거니까요.

하와이 대저택 베스트 영상
〈정말 피를 토하는 심정으로 말한다.
이 영상을 씹고 또 씹어라〉

100번 쓰기 100일 미션을 두 번째 하고 있는데 오늘로 63일째입니다. 하대 님의 책 《더 마인드》가 제 옆에서 열렬히 응원을 해주고 조금이라도 게을러질라치면 어김없이 하대 님의 영상이 다시 저를 일으켜 세워줍니다. 오늘도 저는 성공합니다. 제가 그걸 간절히 원했기 때문입니다. - @user-br1wc3fk9y

1
2
3
4
5
6
7
8
9
10
11
12
13
14
15
16
17
18
19
20
21
22
23
24
25
26
27
28
29
30
31
32
33

68

69

70

71

72

73

74

75

76

77

78

79

80

81

82

83

84

85

86

87

88

89

90

91

92

93

94

95

96

97

98

99

100

64

일째

욕망은 능력과 함께 옵니다

욕망은 능력과 함께 옵니다. 다시 한번 말씀드릴게요. 욕망은 능력과 함께 옵니다. 여러분이 지금 하겠다고 하는 일은 여러분이 할 수 있는 수준이기 때문에 여러분의 잠재의식이 띄워 올린 거예요. 그리고 강하게 욕망한다는 건 그걸 하지 않고는 도저히 가만히 있을 수가 없는, 소위 '건전한 불만족' 상태인 겁니다.

여러분이 '그럴 리가 없다'고 혼자 생각해 버리고, 또 혼자 그걸 믿어버려서 그렇지 사실 여러분에게는 그만한 능력이 있습니다. 그리고 결국 그렇게 됩니다. 여러분이 욕망은 능력과 함께 온다는 게 진짜라는 걸 눈치만 챈다면요.

💬 ⟋⟍⟋⟍⟋⟍⟋⟍⟋⟍⟋⟍⟋⟍⟋⟍⟋⟍

'성공'이라는 단어를 떠올리면 알 수 없는 쓸쓸함과 열등감을 자주 느꼈는데, 스스로 포기했던 목표들이 떠올랐기 때문이란 걸 깨달았습니다. 하대 님 메시지 덕분에 잃어버린 열정을 발견했고, 무기력과 우울감이 많이 사라졌네요. - @lunahyojeonglee4987

1
2
3
4
5
6
7
8
9
10
11
12
13
14
15
16
17
18
19
20
21
22
23
24
25
26
27
28
29
30
31
32
33

68

69

70

71

72

73

74

75

76

77

78

79

80

81

82

83

84

85

86

87

88

89

90

91

92

93

94

95

96

97

98

99

100

65

일째

꿈은 생기, 독기, 살아있는 것

어렸을 때는 "내 꿈은…"이라는 말 참 많이 했잖아요? 그런데 어느 순간 안 하게 되었죠. 여러분의 꿈이 지금 다니는 회사에 들어가는 건 아니었을 수 있고, 여러분의 꿈이 직장인은 아니었을 수 있고, 여러분의 꿈이 대리나 과장이 되는 건 아마도 아니었을 텐데 말이죠. 사실 애당초 어떤 대학에 들어가는 거나 어떤 회사에 입사하는 게 꿈이 되면 안 되는 거였죠. 꿈은 그런 게 아닙니다.

30대, 40대, 50대, 60대는 꿈이 없는 게 정상일까요? 꿈이 있으면 안 되는 건가요? 어떤 것이 되었든, 경제적인 부분이든 개인적인 영역이든 꿈이란 걸 버리지 마세요. 굳어버린 여러분의 잠재력이라는 스펀지에 꿈이라는 액체가 다시 닿으면 말랑말랑해집니다. 꿈이 있다면 나이에 관계없이 다시 에너지를 얻을 수 있습니다. 사람이 '생기'라는 게 생깁니다. '독기'라는 것도 더해질 수도 있어요. 그게 바로 살아있는 거죠.

💬 ┈┈┈┈┈┈┈┈┈┈┈┈┈┈┈┈┈

저는 항상 운이 좋은 사람이라 생각해왔었는데 이건 모두 내가 그간 알게 모르게 준비해왔던 걸 끌어들인 거였어요! 시각화를 실행한 저에겐 더 큰 기회가 올 거라 생각하니 그냥 웃음이 나옵니다. 오늘은 20분 일찍 일어나 하대 님 영상 들으며 출근 전 100번 쓰기 완료했습니다. 가족 모두 잘 때 조용히 내 목표를 쓰니 몰입이 더 잘되네요. 완벽한 내 가능성을 믿습니다. - @user-ow8vl2cl8n

1

2

3

4

5

6

7

8

9

10

11

12

13

14

15

16

17

18

19

20

21

22

23

24

25

26

27

28

29

30

31

32

33

68

69

70

71

72

73

74

75

76

77

78

79

80

81

82

83

84

85

86

87

88

89

90

91

92

93

94

95

96

97

98

99

100

66일째

행복한 절약 상태

지출 관리를 가장 잘하고 절약을 가장 잘할 수 있는 방법이 뭔지 아시나요? 바로 수입을 늘리는 겁니다. 소위 한 방에 먹어보려고 덤벼드는 투기 말고요. 제대로 공부하고 내 안에 알맹이가 단단해져서 투자를 하다 보면 크든 작든 투자의 결실을 보게 되거든요? 그러면 이제 즐거움과 재미를 알아버리는 겁니다. 이렇게 되면 옆에서 절약하지 말라고 뜯어말려도 알아서 절약을 하게 돼요.

그리고 이렇게 하는 절약은 일반적으로 생각하는 허리띠 졸라매는, 소위 '고난의 행군' 같은 그런 절약과는 완전히 다릅니다. 왜 다를까요? 이는 내 에너지를 어디에 쏟아붓고 있는가, 어디에 집중하고 있는가의 차이에 있습니다. 공부 → 투자 → 결실 → 즐거움 → 공부(다시 투자할 돈이 모일 때까지 절약하며) → 투자 → 더 큰 결실 → 즐거움이라는 선순환 구조에서는 '수입 관리'에 에너지를 완전히 집중합니다. 반면에 무조건 안 쓰고 버티겠다는 태도는 '지출 관리'에 모든 에너지를 소진하는 거고요.

제가 성장하고 조금씩이라도 긍정적인 상황과 방향으로 변화할 수 있게 해주셨습니다. 많은 도움을 받고 있어요. 50년간의 제 삶과 의식이 조금씩 변화되고 있음에 감사하고 행복한 요즘입니다. 멈추지 않고 변화하고 성장하여 성공할 수 있도록 하대 님이 알려주신 메시지를 따라 하고 실행하겠습니다. - @user-dj9bd6jh8w

1
2
3
4
5
6
7
8
9
10
11
12
13
14
15
16
17
18
19
20
21
22
23
24
25
26
27
28
29
30
31
32
33

68

69

70

71

72

73

74

75

76

77

78

79

80

81

82

83

84

85

86

87

88

89

90

91

92

93

94

95

96

97

98

99

100

67 일째

셀프 고립의 강력한 힘

니체는 이런 말을 했습니다. "편안하게 보내고 싶은가. 그렇다면 항상 사람들 무리 속에 섞여라 그렇게 매일 군중들과 어울리면서 자기 자신을 망각하라." 여러분 진짜 며칠만 해봐도 제가 지금 말씀드리는 게 무슨 느낌인지 바로 아실 수 있을 거예요. 누가 봐도 외로울 법한 이 '셀프 고립'의 순간에 여러분은 오히려 숨통이 트이는 느낌을 받으실 겁니다. 이게 셀프 고립의 위력이에요.

그런데 '나는 평소에 혼자 있으면 너무 허전하고 외롭다.' 하는 분들 계실 거예요. 내면이 공허한 겁니다. 공허. 마땅히 가득 차 있어야 할 공간인데 비어 있다는 거죠? 이건 스스로 정체되어 있는 걸 몰라서 그렇습니다. 그리고 이 정체된 공허함은 그 어떤 자극으로도 채울 수 없어요. 오직 여러분이 스스로에 대해 들여다보는 방법으로만 채워진다는 걸 알아챘을 때. 공허한 감정은 사라질 겁니다.

💬 ────────────

무한반복 하는 하대 님 영상, 이제는 정말 루틴이 되었어요. 듣지 않으면 허전하니까요. 셀프 고립 하면서 나 자신에 대해 공부하고 긍정적인 마인드셋으로 장착하니 사소한 것에도 감사함을 느끼게 됐습니다. 더 좋은 영향력을 전달하기 위해 내 위치에서 더 열심히, 더 많이 일하지만 전혀 힘들지 않고 행복합니다. 마음이 전부인 것 같아요. 이런 마음을 오래도록 갈고닦으면 40대의 제 모습은 사랑스러워질 것 같네요. - @soap_in_hands

1	
2	
3	
4	
5	
6	
7	
8	
9	
10	
11	
12	
13	
14	
15	
16	
17	
18	
19	
20	
21	
22	
23	
24	
25	
26	
27	
28	
29	
30	
31	
32	
33	

68

69

70

71

72

73

74

75

76

77

78

79

80

81

82

83

84

85

86

87

88

89

90

91

92

93

94

95

96

97

98

99

100

68

일째

인생
퀀텀 점프의
필수 과정

제가 직접, 그것도 살면서 한 번이 아니라 필요한 순간마다 짧게는 몇 개월, 길게는 몇 년간 셀프 고립을 해본 결과를 말씀드리면요, 이 고립은 단순한 단절이 아닙니다. 내 정신을 예리하게 가다듬고 인생에서 한 번쯤은 집중하는 거예요. 그리고 이 과정은 인생을 '퀀텀 점프' 하기 위해서는 반드시 필요합니다.

다시 한번 말씀드리지만 이거 평생 하는 거 아니에요. 삶에서 필요한 순간에 필요한 만큼만 하고 끝내면 됩니다. '들어갔다가 나오는' 거죠. 인생 바꾸고 싶다면, 5년 후에는 완전히 다른 삶을 살고자 한다면, 이 과정은 필수입니다.

저는 혼밥을 하면서 독서나 자기계발 영상 시청을 하고 있어요. 지난달부터는 100번 쓰기를 해오고 있는데, 동료들은 아쉬워하지만 전 점심시간이 제일 좋아요. 힐링이에요! 이제 주말에 친구들과 시간을 보내기보다는 공부하면서 시간을 보내려고요. 아침마다 큰 위로를 받습니다! - @mermer5052

| 1 |
| 2 |
| 3 |
| 4 |
| 5 |
| 6 |
| 7 |
| 8 |
| 9 |
| 10 |
| 11 |
| 12 |
| 13 |
| 14 |
| 15 |
| 16 |
| 17 |
| 18 |
| 19 |
| 20 |
| 21 |
| 22 |
| 23 |
| 24 |
| 25 |
| 26 |
| 27 |
| 28 |
| 29 |
| 30 |
| 31 |
| 32 |
| 33 |

68

69

70

71

72

73

74

75

76

77

78

79

80

81

82

83

84

85

86

87

88

89

90

91

92

93

94

95

96

97

98

99

100

69
일째

반은 믿고
반은 믿지
않으면

'입으로 말하고 손으로 적고 상상으로 시각화까지 정말 매일 열심히 하긴 하는데 이게 진짜 되나?' 이런 생각을 가지고 하는 분들이 종종 계십니다. 결론부터 말씀드리면 효과가 없을 거예요. 여기에는 2가지 이유가 있습니다.

첫째는 진짜로 믿지 않기 때문입니다. 대신 여러분이 '믿는 그것'이 이루어질 겁니다. 둘째는 이렇게 반신반의한 상태로 무언가를 하는 것은 굉장히 높은 확률로 좋은 결과를 기대하기 어렵기 때문입니다. 누군가 여러분에게 뭘 좀 도와 달라며 부탁을 하는데, 여러분을 전적으로 신뢰하는 게 아니라 반신반의하는 게 눈에 보인다면 여러분은 그 사람을 도와주고 싶을까요? 그 사람은 여러분을 결코 끌어당길 수 없을 겁니다. 똑같아요.

스물한 살 때 군대에서 끌어당김을 알고 처음 체험했고 서른 살에 끌어당김을 다시 한 번 이뤘습니다. 그 뒤로 직장을 가졌다는 자만감과 만족감에 흘러가는 대로 살다가 하대 님을 알게 됐습니다. 진짜 순간순간 번개를 맞은 것 같았고 한번은 눈물이 나서 운전하다가 차를 멈출 정도였습니다. '나는 너무 작고 하찮지만 우주의 힘은 거대하고, 나는 그것을 쓸 수 있구나.' 하는 생각에 충격을 받았거든요. 그리고 한 달 만에 작지만 제게는 큰 숙제를 이뤘기에 감사 인사를 전하려고 댓글 남깁니다. - @user-ls5rn6jj3i

1
2
3
4
5
6
7
8
9
10
11
12
13
14
15
16
17
18
19
20
21
22
23
24
25
26
27
28
29
30
31
32
33

	68
	69
	70
	71
	72
	73
	74
	75
	76
	77
	78
	79
	80
	81
	82
	83
	84
	85
	86
	87
	88
	89
	90
	91
	92
	93
	94
	95
	96
	97
	98
	99
	100

70
일째

고독을
극복하는
쉬운 방법

우리가 필요 이상으로 다른 사람들을 찾는 건 고독을 견딜 능력이 없기 때문입니다. 정확히 말하면 고독한 시간을 생산적으로 활용하지 못하는 거죠. 그런데 사실 고독은 인간의 본래 모습에 가까운 겁니다. 고뇌의 해결책을 밖에서 찾는 것 대신 자신의 관점을 한 번 바꿔보세요. 그러면 내면의 공허는 생각보다 쉽게 극복됩니다. 그렇다고 외부와의 모든 관계를 다 차단해 버리라는 말씀을 드리는 건 아니에요. 하지만 '불필요한 관계'는 정리하셔야 합니다. 비우면 더 좋은 것들이 찾아오니까요.

내적인 풍부함을 지닌 사람 그러니까 뇌 활동이 뛰어난 사람은 혼자 있어도 무료함과 따분함을 느끼지 않습니다. 쇼펜하우어는 말하죠. "정신이 풍요로워질수록 내면의 공허가 들어갈 공간이 줄어든다." 여러분, 이제는 삶의 중심추를 밖에서 안으로 가지고 들어오세요.

요즘 아침에 일어나는 것이 너무 즐거워요. 지금은 상황상 제 꿈과는 다른 일로 돈을 벌고 있지만, 아침에 책을 읽을 수 있고, 개인 작업을 하고, 일하는 중간에 시간이 날 때 자기 계발 공부를 하고, 퇴근 이후에도 하고자 하는 일과 관련된 공부를 할 수 있다는 것 자체가 기쁨인 것 같습니다. 온 마음과 생각이 내가 가고자 하는 그 길, 목표로 쏠려 있다는 게 너무 좋아요. - @JJ-wp8cm

1

2

3

4

5

6

7

8

9

10

11

12

13

14

15

16

17

18

19

20

21

22

23

24

25

26

27

28

29

30

31

32

33

68

69

70

71

72

73

74

75

76

77

78

79

80

81

82

83

84

85

86

87

88

89

90

91

92

93

94

95

96

97

98

99

100

71
일째

진짜 사색이 가능한 사람

제가 매년 200~300권씩 책을 읽는 사람으로서 말씀드리자면 독서량은 중요하지 않습니다. 젊을 때 너무 외부 자극에만 익숙해져 스스로 사고하는 방법을 모르는 시기에는 그냥 책을 엄청 많이 읽는 것만으로도 도움이 될 겁니다. 그렇게 읽고 생각의 길을 뚫어서 인생의 방향을 잡아가는 거죠. 그런데 어느 궤도에 이르면 '생각하는 힘을 기르기 위한 반복'이 훨씬 중요해요. 그렇게 자신만의 철학을 쌓아서 모든 일을 직접 결정하는 독자적인 사고를 기르는 게 중요한 겁니다.

동네 산책을 잠깐 하더라도 진짜 사색할 수 있는 그런 수준의 사람이 되고자 해보세요. 이 상태가 되면 여러분은 자연스럽게 여러분을 쥐고 흔드는 외부의 자극들과 적절한 거리를 유지할 수 있게 됩니다.

하와이 대저택 베스트 영상
〈연소득 2억 이상 버는 사람들은
다 쓰는 방법〉

20년 전부터 저는 노트를 마련한 다음 구체적인 사진까지 출력해 붙여서 구체화하였습니다. 결론은 바라는 바를 전부 다 이루었습니다. 지금은 잠시 인생의 굴곡을 지나는 중인데, 다시 제 유튜브 알고리즘이 하와이 대저택 님의 영상을 추천하는 걸 보니, 제가 드디어 그 골짜기에서 거의 벗어났구나 싶습니다. 그리고 이 모든 것은 신의 스케줄에 의한 것이고, 이를 깨닫게 하려는 신의 의도에 따라 지난 일을 경험했음을 깨달았습니다. - @angelachoi489

1
2
3
4
5
6
7
8
9
10
11
12
13
14
15
16
17
18
19
20
21
22
23
24
25
26
27
28
29
30
31
32
33

68

69

70

71

72

73

74

75

76

77

78

79

80

81

82

83

84

85

86

87

88

89

90

91

92

93

94

95

96

97

98

99

100

72
일째
높은 단계의 욕망을 추구하세요

이 세상에서 내가 100% 의지할 수 있는 건 바로 '나'예요. 나 자신을 전적으로 신뢰할 수 있을 때 사람은 가장 행복합니다. 그럴수록 타인의 도움이 필요하지 않으니까 기대할 일, 상처받을 일도 없죠. 그렇게 자신에게 알맞은 욕망과 행복을 찾아나서는 겁니다. 여러분이 지금보다 조금 더 어렸을 때, 아직 내면이 단단해지기 전이었던 그때는 보여지는 게 꽤나 중요했을 겁니다. 남들을 따라 하는 '낮은 단계의 욕망'을 가졌어도 아무도 뭐라고 하지 않았을 거예요. 이제는 '높은 단계의 욕망'을 추구할 때가 된 겁니다.

인생을 단편적으로 보고 살아왔다면 이제는 입체적으로 나란 사람을 분석하세요. 이걸 할 때 내가 웃네, 내가 행복하네, 이건 별로네, 이렇게 자신을 알아가는 겁니다. 시간은 지체하지 않고 흐르죠. 우리가 인생을 가치 있게 만들 수 있는 시간은 바로 오늘이구요. 오늘을 주어질 수많은 날 중 하나로 간단히 여기지 않으셨으면 좋겠습니다.

💬 ⋯⋯

'감사하면 차분해진다.'라는 말씀에 너무너무 공감해요! 항상 불평불만을 늘어놓으며 살다가 크게 망하고 나서야 감사할 줄 알게 된 1인입니다. 참 아이러니하게도 말이죠. 감사를 통해 조급증이 치료되면서 차분해지고 집중력이 높아지는 등 선순환이 일어나더라고요. 전 아직 큰 성취는 이루지 못했지만 저라는 인간이 많이 변했고 작은 성취들도 이뤄가고 있는 중입니다. - @user-xc9by5cw8p

1
2
3
4
5
6
7
8
9
10
11
12
13
14
15
16
17
18
19
20
21
22
23
24
25
26
27
28
29
30
31
32
33

68

69

70

71

72

73

74

75

76

77

78

79

80

81

82

83

84

85

86

87

88

89

90

91

92

93

94

95

96

97

98

99

100

73
일째

정체성이 가장
먼저입니다

우리가 항상 올해 이맘때는 더 나은 뭔가를 하고 있을 거라 기대하면서도 번번이 작년과 다르지 않은 상황에 처해 있는 이유는 내 정체성이 변하지 않았기 때문입니다. 행동은 '정체성 - 과정 - 결과' 이렇게 3단계에 걸쳐 이루어지거든요. 원래 정체성이 먼저 있고, 다음에 과정이 있고, 마지막으로 결과가 나오는 거잖아요.

그런데 대부분의 사람들은 이 정체성은 건드리지 않고, 반대로 결과부터 바꾼 다음 과정을 바꾸고 마지막에 가서야 자신의 정체성을 바꾸려고 해요. '나 살 뺄 거야!'라고 결과부터 바꾸려고 덤비니까 다이어트가 항상 실패할 수밖에 없는 거예요. 그게 아니라, '나는 지금보다 날씬하고 건강한 사람이다.'라는 정체성을 먼저 장착해야 되는 겁니다. 여러분이 어떤 사람인지를 반드시 먼저 결정하셔야 해요. 습관이라는 건 자존감이고 정체성입니다.

초등교사입니다. 고등학생 때 원하는 소망을 이루게 하는 힘에 대한 책을 본 적 있어요. 그때 반신반의하기도 했고 원하는 마음이 간절하지 않기에 관심이 없어졌어요. 그런데 댓글들을 보면서 의심이 사라지네요. 전 30대까지 삶에 열정도 애정도 없이 부모님의 조언에 따라 살아왔어요. 이제서야 내가 원하는 것과 나의 정체성에 대해 조금 알게 되었습니다. 지금까지의 내 삶이 안타까워서 너무 슬펐어요. 이제 내가 원하는 모습의 삶을 살고 싶습니다. - @lemmonk7130

1

2

3

4

5

6

7

8

9

10

11

12

13

14

15

16

17

18

19

20

21

22

23

24

25

26

27

28

29

30

31

32

33

68

69

70

71

72

73

74

75

76

77

78

79

80

81

82

83

84

85

86

87

88

89

90

91

92

93

94

95

96

97

98

99

100

74 일째

좋은 습관인지 확인하는 방법

우리는 보통 어떤 행동을 하고 '바로' 보상을 기대합니다. 그런데 대부분의 일들은 사실 며칠, 몇 주, 몇 달, 어쩌면 몇 년 동안은 별 반응이 없어요. 그런데 사실 이게 당연한 겁니다. 어떤 위대한 일도 바로 다음 날 이루어지는 건 없거든요. 그런데 우리는 막연히 오늘 저녁을 굶었으니까 내일 1kg이 바로 빠지길 기대하고 심지어 러닝머신 위를 달리기 전과 후의 체중을 비교하면서 낙담하죠. 공부나 투자에 대한 생각도 크게 다르지 않습니다.

하지만 좋은 습관이 주는 보상은 '습관 그 자체'라는 것을 알아야 합니다. 나쁜 습관은 좋은 기분을 즉시 느끼게 해주는 대신 궁극적으로는 안 좋은 기분을 느끼게 하고, 좋은 습관은 당장은 즐겁지 않지만 궁극적으로는 좋은 기분을 느끼게 해줍니다.

💬 ┄┄┄┄┄┄┄┄┄┄┄┄┄┄┄┄

최근 큰 위기를 맞고 어려운 결정을 하면서 사실 지금 많이 힘든 시기를 보내고 있거든요. 어떤 방향으로 가야 하는가, 어떻게 하면 전혀 다른 내가 될 수 있을까 깊이 생각하던 차에 하대 님의 영상이 저에게 큰 울림을 주었습니다. 내년 이맘때쯤 제가 달라져 있길 바랍니다. 1년 후에 '저 이만큼 달라졌어요.' 하고 자랑 댓글 올리고 싶네요. 귀한 가르침으로 조금씩 성장해 나가겠습니다. - @user-ym1hi3rp1x

1
2
3
4
5
6
7
8
9
10
11
12
13
14
15
16
17
18
19
20
21
22
23
24
25
26
27
28
29
30
31
32
33

68

69

70

71

72

73

74

75

76

77

78

79

80

81

82

83

84

85

86

87

88

89

90

91

92

93

94

95

96

97

98

99

100

75
일째

잠재 체력
잠복기

행동에 대한 보상은 직선이 아니라 지그재그 마구잡이로 우리에게 찾아옵니다. 대나무는 처음 5년간 땅속 넓은 범위에 걸쳐 뿌리를 내리는 동안에는 전혀 눈에 띄지 않아요. 그러다 별안간 6주 만에 지상 30m 높이로 자라나죠. 좋은 습관이라는 것도 똑같아요. 대부분은 한계점에 도달하기 바로 직전까지도 아무 효과가 없어 보입니다. 의미 있는 차이를 만들어내고 싶다면 정체기, 그러니까 '잠재 체력 잠복기'라고 부르는 이 임계점을 돌파할 때까지 습관으로 유지해야 하는 거예요.

여러분은 성공할 사람입니다. 지금은 눈에 당연히 안 보이실 거예요. 땅속에 넓게 뿌리를 내리는 중이니까요. 그냥 지금은 여러분 하루하루의 행동들 자체가 기분이 좋을 수 있게 여러분만의 '하찮은 보상 시스템'을 만들어 놓으세요.

💬 ───────

원하는 꿈은 따로 있는데도 '부업으로 돈을 빨리 모아볼까?' 하는 생각이 자꾸 들고 돈 빨리 버는 법에 정신이 팔려 있었어요. 하대 님의 메시지가 오늘 제게 와주어서 너무 감사하네요. 제가 지금 무엇에 집중해야 하는지, 돈돈거리면서 당장의 현실에 급급해서 살 게 아니라 제가 원하는 꿈을 간절히 바라고 생각하고 마음의 평화를 얻어야겠다는 생각이 들었습니다. - @lovelyda5019

1
2
3
4
5
6
7
8
9
10
11
12
13
14
15
16
17
18
19
20
21
22
23
24
25
26
27
28
29
30
31
32
33

68

69

70

71

72

73

74

75

76

77

78

79

80

81

82

83

84

85

86

87

88

89

90

91

92

93

94

95

96

97

98

99

100

76
일째

완벽의
정의

습관 형성을 위한 행동을 할 때 소위 '각 잡고' 하려고 하지 마세요. 도저히 못 할 것 같은 날에는 한 시간 꽉 채워서 운동, 한 시간 꽉 채워서 독서, 그렇게 안 해도 된다는 거예요. 그날은 책을 잠시 동안만 읽었고, 가벼운 운동으로 기분 좋게 심박수가 잠시 빨라졌었다는 것만으로도 플러스가 된 하루인 겁니다.

오늘부터 완벽이란 정의를 아예 바꿔보는 건 어떨까요? 완벽이란 '오늘도 놓치지 않았다'는 걸 의미한다고 생각하는 거죠. 여러분은 오늘 얼마나 많은 플러스 도장을 스스로 찍으셨나요? 오늘 하루를 뒤돌아봤을 때 어쨌든 몇 개의 도장들이 찍혀 있나요? 그렇다면 여러분은 오늘 하루를 완벽하게 보내신 겁니다.

💬 ╌╌╌╌╌╌╌╌╌╌╌╌╌╌

40대 중반의 나이인 나의 인생도 변할 수 있다는 생각으로 매일매일 목표를 생각하고 시각화하면서 잠재의식에 제대로 세팅이 되면 정말 행동은 알아서 나온다는 걸 알았습니다. 평생 독서를 제일 싫어했는데 하루 종일 책을 읽는 내 모습을 발견하고, 신용불량자인 나 자신을 자책하면서 그냥 흐르는 대로 살 줄 알았는데 매년 목표로 적었던 수입을 달성해가는 것을 보면서 끌어당김의 법칙은 정말 진리라는 것을 알았습니다. 깨달음의 말씀 항상 감사합니다. - @jlpapertoy8771

1
2
3
4
5
6
7
8
9
10
11
12
13
14
15
16
17
18
19
20
21
22
23
24
25
26
27
28
29
30
31
32
33

	68
	69
	70
	71
	72
	73
	74
	75
	76
	77
	78
	79
	80
	81
	82
	83
	84
	85
	86
	87
	88
	89
	90
	91
	92
	93
	94
	95
	96
	97
	98
	99
	100

77

일째

불편함을 선택하는 이유

편안함은 독이고 불편함은 약입니다. 정말 무서운 건, 편안함에 잠식돼 버리면 진짜 어떤 성장도 없다는 점이에요. 그러면 당연히 지금과는 다른 종류의 소득이 생기지도 않습니다. 부, 그리고 여러분이 그토록 원하는 여러분의 모습도 없는 거죠. 그런데 이렇게 그냥 편안한 대로 살고, 사는 대로 생각하면서 살면요, 제가 그렇게 10년 해봤거든요. 그러면 사람이 진짜 행복하지가 않아요. 우리는 그렇게 태어나질 않았거든요? 사람은 본래 더 많은 것을 원하고, 더 많은 경험을 하길 원합니다. 그걸 위해 더 많은 부를 원하고요. 그게 인간의 본능입니다. 돈이 많길 바라는 게 자본주의적이라거나 속물인 게 아니라는 걸 말씀드리는 겁니다.

💬 ──────────

정말 고맙고 고마워요. 이렇게 열심히 잠재의식에 박힌 유리 조각을 뿌리째 뽑는 방식을 알려주시니 정말 고맙군요. 내 나이 65인데 젊은이가 이렇게 간절하게 깨우쳐 주려고 무한 노력하는 모습에 감동이 옵니다. 자아의 벽에 갇힌 사람들이 알을 깨고 나오듯 다 행복하게 부화하길 바랍니다. - @soonjaryou7970

1
2
3
4
5
6
7
8
9
10
11
12
13
14
15
16
17
18
19
20
21
22
23
24
25
26
27
28
29
30
31
32
33

	68
	69
	70
	71
	72
	73
	74
	75
	76
	77
	78
	79
	80
	81
	82
	83
	84
	85
	86
	87
	88
	89
	90
	91
	92
	93
	94
	95
	96
	97
	98
	99
	100

78일째

내 의지대로 살기로 다짐하세요

남들이 갖고 있는 가장 질투 나는 그거, 아마도 그게 1차로 여러분이 갖고 싶은 삶일 겁니다. 그런데 거기서 더 파고들어야 해요. '그거 너무 부럽다. 나는 정확히 뭘 해야 하지? 뭘 해야 더 이상 질투 안 나지? 난 뭐가 되고 싶지?' 이렇게 파면서 찾아낸 설레는 모습, 진짜 내 모습으로 살겠다고 진심으로 정해야 한다는 거예요.

이 과정에서 여러분 의식은 이런 소리를 할 겁니다. "네가 정말 그런 사람이라고 생각하는 거야?" 그런데 의식은 도대체 왜 저런 식으로 말을 하는 걸까요? 여러분이 '들었으니까' 그래요. 자라면서 지금까지 부모님, 형제자매, 선생님, 친구들, 지인들에게 들었으니까요. 계속 듣다 보니 여러분 자신도 이제 그냥 사실이라고 믿어버리게 된 거죠.

목표를 쓰는 동안 여러분 내면에서 이런 말이 계속 들려온다면 '아직 소프트웨어가 100% 설치되지 않았구나. 조금만 더 재미있게 해보자.'라고 생각하십시오. 그리고 남들이 뭐라든 '내 의지대로 한다'는 결단을 잊지 마시고요.

작년 12월 말 퇴사를 맘먹었을 때 우연히 하대 님 영상을 보게 되었어요. 재취업도 쉽지 않은 나이인 데다 막연히 내 일을 하고 싶다는 생각만 하고 있던 차라 '미친 척하고 한번 해보자.' 하고 100일 쓰기를 시작했어요. 첨엔 '2023년 12월 30일 나는 월 1,000만 원을 벌고 있다.'라고 목표를 만들었다가 "이왕이면 2,000만 원으로 해보지?"라는 친구의 말에 그렇게 목표를 정했지요. 5개월째 되는 지금 곧 월 2,000만 원 수입이 현실화되려 합니다. 121일째부터는 월 4,000만 원으로 올려서 적고 있어요. - @user-dt9jy6il2h

1
2
3
4
5
6
7
8
9
10
11
12
13
14
15
16
17
18
19
20
21
22
23
24
25
26
27
28
29
30
31
32
33

68

69

70

71

72

73

74

75

76

77

78

79

80

81

82

83

84

85

86

87

88

89

90

91

92

93

94

95

96

97

98

99

100

79
일째

행동보다
느낌이 먼저

사람은 결국 '느끼는 대로' 행동합니다. 그리고 이 느낌을 찾기 위해 상상이 필요한 거예요. 이게 바로 시각화를 하는 이유입니다. 그러니 다소 불편하더라도 결과를 향해서가 아니라 역으로 결과에서부터 출발하는 상상을 반복하고 또 반복해야 해요. 처음엔 불편하게 느끼지는 그 목표에 감정적으로 이입해야 하는 거죠. 불편한 걸 반복적으로 하다 보면 결국 편하게 느껴지거든요? 운전을 생각해보세요.

상상으로 얻어낸 느낌이 먼저고, 행동은 다음입니다. 느낌이 없으면 행동도 없어요. 우리는 감정이 생긴 후에만 이성적이고 논리적으로 행동을 할 수 있거든요. 우리가 하는 모든 행동은 감정을 따릅니다. 그리고 감정, 즉 에너지에 행동량은 비례하는 겁니다.

💬 ......

작년 말 힘든 시기에 영상을 접하고 100번 목표 적기 79일차입니다. 약 15년간 술만 마시면서 의미 없이 보내던 하루가 목표를 적으면서 달성하다 보니 어느 순간 추천해주신 책을 여러 권 읽게 되고, 간절히 원하고 공부했더니 자격증이 그냥(?) 생겨버렸습니다. 목표를 100번 적는다는 건 내가 진정 무엇을 원하는지 알아가는 과정 같습니다. 처음에는 돈에 대한 목표를 적었었는데 저는 설레지 않았습니다. 아마 제 궁극적인 목표는 돈이 아닌가 봅니다. - @user-qm1bn2li2g

1	
2	
3	
4	
5	
6	
7	
8	
9	
10	
11	
12	
13	
14	
15	
16	
17	
18	
19	
20	
21	
22	
23	
24	
25	
26	
27	
28	
29	
30	
31	
32	
33	

68

69

70

71

72

73

74

75

76

77

78

79

80

81

82

83

84

85

86

87

88

89

90

91

92

93

94

95

96

97

98

99

100

80
일째

습관은 마음대로 부리는 겁니다

뻣뻣한 새 종이를 가로든 세로든 특정한 방식으로 접은 다음 종이를 펼쳤다가 다시 접어보세요. 이때 종이는 자연스럽게 접힌 선을 따라 접힐 겁니다. 우리의 정신 또한 마찬가지예요. 이렇게 길들여지고 나면 이후에는 자연스럽게 길들여진 방식대로 작동합니다. 그런 의미에서 우리의 습관은 '성공으로 이어지는 중요한 고속도로'라 할 수 있어요.

무엇보다 습관은 여러분이 통제하는 거라는 사실을 아셔야 해요. 지배하고 활용해서 마음대로 부리는 게 가능하다는 겁니다. 그러니 습관을 길들이세요. 감히 낡아빠진 습관, 썩어빠진 생각 따위가 여러분의 정신이라는 광활한 대지를 황폐화하도록 내버려두지 마십시오.

💬 ─────────────

올해 초 처음 하대 님 영상을 보고 나서 많은 것이 바뀌었습니다. 100번 쓰기를 하면서 상상도 못 했던 집을 장만하고 항상 부정적이고 파괴적이었던 모습에서 매일, 매 순간 감사하며 제가 되고 싶은 사람처럼 생각하고, 갖고 싶은 걸 이룬 것처럼 행동하며 언제나 긍정적인 에너지를 갖고 행동하고 있습니다 목표없이 좀비 같았던 제게 작은 성공에서부터 큰 성공까지 좋은 습관을 만들어 주셔서, 제 인생을 힘든 하루가 아닌 설레는 하루로 바꿔주셔서 감사합니다. - @masilgarden

1	
2	
3	
4	
5	
6	
7	
8	
9	
10	
11	
12	
13	
14	
15	
16	
17	
18	
19	
20	
21	
22	
23	
24	
25	
26	
27	
28	
29	
30	
31	
32	
33	

68

69

70

71

72

73

74

75

76

77

78

79

80

81

82

83

84

85

86

87

88

89

90

91

92

93

94

95

96

97

98

99

100

81일째

기준을 가진 농부가 됩시다

우리는 우리도 모르는 사이에 매일, 매시, 매분, 매초 '정신의 씨앗'을 심습니다. 즉흥적으로, 즉 무의식적으로 생각하고 판단하면서 아무 씨앗이나 그냥 뿌리는 거죠. 그런데 이제는 그러면 안 돼요. 준비된 계획을 따르고 세세하게 작성된 설계도를 기준으로 씨를 뿌리는 농부가 되셔야 합니다. 계획 없이 아무 씨앗이나 뿌리는데 제대로 된 결실을 얻길 원하는 건 뿌린 대로 거둔다는 법칙을 위배하는 겁니다.

또한 반나절만 일하고 하루치 일당을 받고 싶어 하는 것, 누군가에게 피해를 준다고 하더라도 내가 이득을 본다면 얼마든지 좋다고 생각하는 것, 남이 주는 것만 취하고 그 가치에 대해 적절한 보상을 하지 않는 것도 전부 똑같습니다.

하와이 대저택 베스트 영상
〈정말 간절히 원하는 게 있다면, 독하게 '이 습관 하나만' 장착하자〉

원하는 일들을 간절히 생각하고 반복하면 이루어진다는 사실을 매일 실감하고 있습니다. 현재 내 삶은 내가 생각해 온 결과물이라는 말씀에 뒤통수 맞은 것마냥 한참을 멍하니 서 있다가 눈물이 쏟아지더라고요. 그동안 다양한 자기계발 영상을 봐도 그냥 지나치기 일쑤였는데 하대 님 영상을 통해 행동으로 옮기며 매일 감사한 삶을 만들어 가고 있습니다! 멋진 자산가가 된 실증 사례로 찾아뵐게요! - @jisan68

1
2
3
4
5
6
7
8
9
10
11
12
13
14
15
16
17
18
19
20
21
22
23
24
25
26
27
28
29
30
31
32
33

68

69

70

71

72

73

74

75

76

77

78

79

80

81

82

83

84

85

86

87

88

89

90

91

92

93

94

95

96

97

98

99

100

82
일째

나의 세계는 어떠한가요

어느 연구에 따르면 자기 스스로 검소한 사람이라고 생각하는 사람들조차 돈을 잘 쓰는 지인과 함께 있을 때는 평소보다 돈을 더 헤프게 쓰는 경향을 보였다고 해요. 우리 인생에서 주변 사람이 얼마나 중요한지 알 수가 있는 작은 예겠죠. 사실 여러분의 주변과 주변 사람이 여러분이 사는 세상의 전부입니다. 그냥 그게 여러분의 세상, 세계관, 지구, 우주 자체인 거예요.

그리고 우리는 계속 반복해서 하는 말, 다른 사람이 여러분에게 반응하는 말, 그리고 자기 자신에게 하는 말로 현실을 구축하게 됩니다. 주변 사람이 그렇게도 중요한 이유는 여러분이 어떤 사람들에게 둘러싸여 있는가로 여러분의 현실도 바뀌기 때문입니다.

1년 4개월 전 100억대 자산가 친구를 만났는데 지금 하대 님이 말씀하신 것처럼 한 게 성공의 이유였더라고요. 그래서 저도 그 친구처럼 성공한 사람들의 책과 영상, 좋은 글 등을 접하며 살았습니다. 이제 초긍정의 마인드, 성공한 사람의 마인드로 살아가고 있습니다. 하늘 위를 걷는 느낌이고 뭘 해도 다 잘될 거 같아요. 어제 그 친구에게 제 기분을 얘기했더니 대운이 들어올 기운이라고 하더군요. 요즘 마음이 차분해지고 말할 때도 여유가 생겼어요. - @yuhuisfamily1918

1
2
3
4
5
6
7
8
9
10
11
12
13
14
15
16
17
18
19
20
21
22
23
24
25
26
27
28
29
30
31
32
33

68

69

70

71

72

73

74

75

76

77

78

79

80

81

82

83

84

85

86

87

88

89

90

91

92

93

94

95

96

97

98

99

100

83일째

미루지 말고 일단 하세요

'시간이 좀 더 생기면'이라는 그럴듯한 명분을 내세우면서 뭔가를 미루지 마세요. 그렇게 계속 차일피일 미루면서 내일쯤, 다음 주쯤, 다음 달에, 내년에라고 생각해 왔던 일이 분명히 있을 겁니다. 일단 그 일을 그냥 해보세요. 그 무엇이 되었든 처음에는 되게 별로일 겁니다. 원래 그래요. 그럼 이제 작은 것부터 시작해서 조금씩 발전시켜 나가 보는 겁니다.

여러분 최고의 작품을 무덤에 가지고 들어가면 안되잖아요. 내 최고의 작품은 반드시 멋지게 세상에 꺼내 놓고 빈손으로 떠나겠다고 결심하세요.

💬 ─────────

예전에는 모든 게 나에게 과분하다고만 생각했는데 이제는 모든 것을 그냥 가져야겠다고 생각하니 예상치 못한 곳에서 내가 생각한 것보다 더 좋은 것들이 하나씩 갖추어지고 있어요. 모두 사랑받아 마땅한 사람임을 깨닫는 중입니다. - @user-ce7pr9hd9c

1
2
3
4
5
6
7
8
9
10
11
12
13
14
15
16
17
18
19
20
21
22
23
24
25
26
27
28
29
30
31
32
33

	68
	69
	70
	71
	72
	73
	74
	75
	76
	77
	78
	79
	80
	81
	82
	83
	84
	85
	86
	87
	88
	89
	90
	91
	92
	93
	94
	95
	96
	97
	98
	99
	100

84 일째

가난과 부는 여기서 갈립니다

스스로를 실패와 불행, 가난으로 몰아넣는 것도 간절히 원하는 삶을 두 손 가득히 성취해 내는 것도 전부 생각에 달려 있어요. 다만 '성공을 다짐하는 것'과 던지 '성공을 바라는 것'은 다르다는 건 잊지 않으셨으면 좋겠습니다. 여러분이 믿음을 가지고, 여러분 스스로에 대한 신뢰를 가지고, 뭐든 자신 있게 행동하셨으면 좋겠어요.

다른 사람들이 뭐라고 할지, 어떻게 생각할지에 대해 신경 쓸 필요는 없습니다. 여러분은 이미 많은 경험을 통해 그 사람들이 여러분의 목표를 이루는 데 거의 도움이 되지 않는다는 걸 이미 알고 있으니까요. 여러분에게는 필요한 모든 힘이 있습니다. 그리고 이 힘을 이용하는 가장 좋은 방법은 여러분 자신을 믿는 거예요.

하대 님! 감사하는 마음을 갖고 살면서 서두르지 않게 된다는 말씀 하셨는데 진짜인 것 같아요! 사람은 하루의 대부분을 무의식으로 보낸다고 하는데 저는 쓸데없는 생각이 들면 '나는 날마다 점점 모든 면에서 좋아지고 있다.' 하고 생각합니다. 또 사소한 일이라도 저한테 긍정적인 영향을 주면 '이런 일이 있어서 감사하다.'라고 생각하면서 보내고 있어요. 왠지 모르게 차분해지고 서두르지 않게 된 기분이었는데 이런 이유 때문이었군요. - @us-er-ie2nl9ke7j

1	
2	
3	
4	
5	
6	
7	
8	
9	
10	
11	
12	
13	
14	
15	
16	
17	
18	
19	
20	
21	
22	
23	
24	
25	
26	
27	
28	
29	
30	
31	
32	
33	

68

69

70

71

72

73

74

75

76

77

78

79

80

81

82

83

84

85

86

87

88

89

90

91

92

93

94

95

96

97

98

99

100

85일째

버티는 게 아니라, 원래 그런 겁니다

세상에 공짜는 없습니다. 원하는 것을 이루는 데에는 거지 같고 말도 안 되는 힘든 상황도 존재한다는 걸 당연하게 여겨야 해요. 그래야 여러분 스스로 퇴장하시 않을 수 있기든요. 그 경험이 여러분의 잠재의식에 각인되니까요. 그러면 이제 그다음 이런 상황을 다시 마주했을 때, 여러분의 잠재의식이 움츠러들지 않아요. '도저히 못 하겠다' 나 이거는 진짜 못해'가 아니라 '이거 원래 이래. 지난번에도 그랬었고. 그냥 하면 돼.'라고 생각하게 된다는 겁니다.

지금 여러분은 어떤 상황에서, 어떤 생각을 하고 계신가요. 혹시 오늘도 '버티고' 계신 건 아닌가요. 버티지 마십시오. 대신에, '원래 이런 거고 당연하다. 그리고 무엇보다 지금, 순조롭게 성공하고 있는 중이다.'라고 여러분의 잠재의식에게 말해주세요.

💬 ─────────

정말 과장 하나 없이 하대 님은 제 인생의 최고 스승이자 진리입니다. 두 달 전 하대 님 영상을 처음 접한 후, 머릴 한대 얻어맞은 듯한 깨달음이 아직도 생생합니다. 지금 한 발 한 발 창업을 위해 즐거이 배우고 있고, 두 달 후엔 12년째 최저시급을 주는 진상 회사를 박차고 나갑니다. 마음이 조금이라도 나약해질 것 같으면 하대 님 영상을 집중해서 봅니다. 그럼 다시 결의가 다져지고, 힘이 솟습니다. 존재해주셔서 감사합니다. - @user-zq7ge1yp2t

1	
2	
3	
4	
5	
6	
7	
8	
9	
10	
11	
12	
13	
14	
15	
16	
17	
18	
19	
20	
21	
22	
23	
24	
25	
26	
27	
28	
29	
30	
31	
32	
33	

		68	
		69	
		70	
		71	
		72	
		73	
		74	
		75	
		76	
		77	
		78	
		79	
		80	
		81	
		82	
		83	
		84	
		85	
		86	
		87	
		88	
		89	
		90	
		91	
		92	
		93	
		94	
		95	
		96	
		97	
		98	
		99	
		100	

86
일째

경계인이 아닌
중심인으로

우리는 더 나은, 더 많은, 더 가치 있는, 더 풍족하고 행복한 삶을 살아가기 위해 태어났어요. 그걸 추구하는 건 인간의 당연한 본능입니다. 부족하고, 괴롭고 초라하며, 비루하고 궁색하게 살아가기 위해 이 세상에 태어난 사람은 단 한 명도 없습니다.

우리는 애매하게 경계에 걸쳐 있는 '경계인'의 삶을 살아가기보다는 원하는 시간과 공간의 중심에 두 발을 딛고 서서 행복하게 살아가는 '중심인'이 되어야 합니다. 그러기 위해서는 반드시 중간 단계인 '불편의 다리'를 건너야 한다는 걸 잊지 않으셨으면 좋겠어요.

100번 쓰기 86일째입니다. 이루어진 목표도 있고, 아직 멀리 있는 것도 많습니다. 예전보다 안 좋은 상상, 부정적인 생각, 나쁜 방법을 줄여가고 있습니다. 하루하루만 보면 잘될 때보다 안될 때가 많지만 일주일로 보고 한 달로 보면 분명 나아지고 있는 거 같습니다. 실제로도 몸과 마음이 건강해지고 있습니다. 앞으로 첫 마음, 현재 생각한 마음을 쭉 이어나가겠습니다. - @user-j12cf-7mi7r

1	
2	
3	
4	
5	
6	
7	
8	
9	
10	
11	
12	
13	
14	
15	
16	
17	
18	
19	
20	
21	
22	
23	
24	
25	
26	
27	
28	
29	
30	
31	
32	
33	

68
69
70
71
72
73
74
75
76
77
78
79
80
81
82
83
84
85
86
87
88
89
90
91
92
93
94
95
96
97
98
99
100

87_{일째}

내 '포텐'
터지게 하려면

포텐이 안 터지는 이유가 도대체 뭘까요? 일단 포텐이 뭐죠? 잠재력입니다. 즉 포텐의 근원인 잠재의식을 컨트롤하지 않고 그냥 방치하니까 안 터지는 거예요. 그런데 대부분은 자기가 방치하고 있는지도 모르고, 알고 있다 한들 잠재의식은 원래 컨트롤할 수 없는 영역의 것이라고 생각합니다.

포텐이 정말 운명처럼 어느 날 갑자기 터진다? 그런 거 없어요. 내 목표를 말하고, 적고, 시각화해보는 과정을 매일 반복하며 각인시키고 입력해보세요. 그러면 이제 여러분의 잠재의식이 여러분을 도울 겁니다. 내비게이션처럼요.

하와이 대저택 님이 하신 말씀들, 저도 느끼고 있습니다. 몇 년 전부터 제가 생각한 대로, 말하는 대로 이뤄지더라고요. 그래서 언젠가부터 나는 내가 생각한 대로, 말하는 대로 된다고 확신하고 살고 있거든요. 말씀대로 책을 보거나 영상을 봤던 것도 아닌데도 말이에요. 요즘 들어 잠재의식 등에 관한 영상을 보면서 왜 말하는 대로 되는 건지 이해하게 됐습니다. 어떤 상황에서도 두려움 없이 하면 된다는 것도요. - @user-jc3vh4ib2i

1

2

3

4

5

6

7

8

9

10

11

12

13

14

15

16

17

18

19

20

21

22

23

24

25

26

27

28

29

30

31

32

33

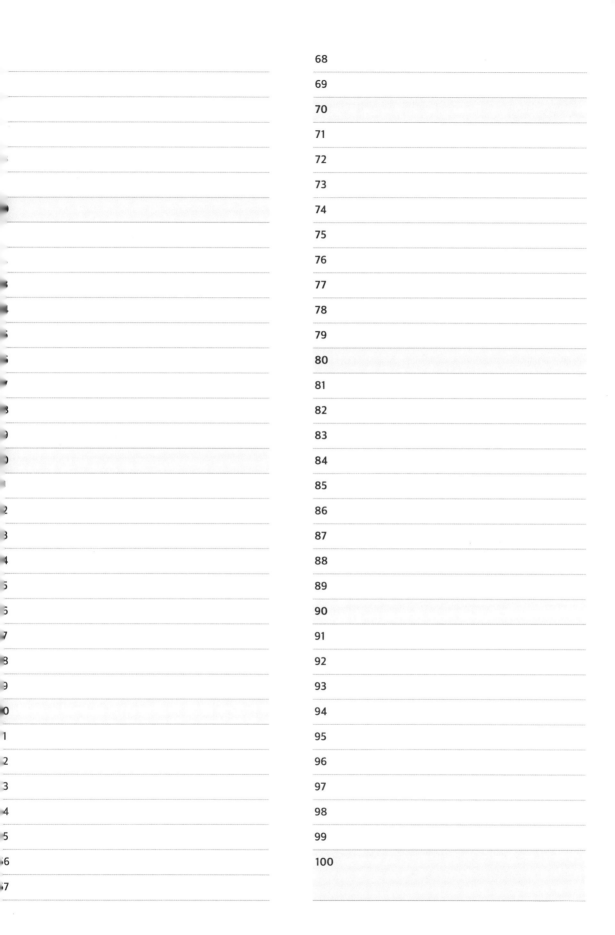

68

69

70

71

72

73

74

75

76

77

78

79

80

81

82

83

84

85

86

87

88

89

90

91

92

93

94

95

96

97

98

99

100

88
일째

멈추지만
마세요

원하는 바를 향해 집중하면서 나가는 그 길은 포장된 도로가 아닙니다. 갯벌 같은 진흙 위를 걷는 것과 비슷하죠. 한 걸음 한 걸음 내디딜 때마다 정말 힘겨운 탄식이 나올 겁니다.

그런데 여러분은 의식하지 못하지만 그렇게 어렵게 한 걸음 한 걸음 내딛을 때마다 여러분의 발과 발목, 종아리, 무릎, 허벅지는 조금씩 단단해져 갈 겁니다. 조금 더디더라도 그렇게 나가면요. 어느 순간 정신 차려보면 여러분이 그 진흙 위를 좀 편하게 걷고 있어요. 시간이 조금 더 지나면 휘파람도 불 수 있습니다. 그리고 나중에는 뜁니다. 처음에 한 발도 내딛기 힘들었었는데 말이죠. 제가 뼈저리게 느껴봤기 때문에 이렇게 확신 있게 말씀드릴 수 있습니다.

여러분이 원하는 걸 얻기 위해, 맘껏 뛰어다니기 위해 지금 한 발씩만 앞으로 가보세요. 멈추지만 않으면 됩니다.

100번 쓰기, 1,000번 말하기 88일차입니다. 긴 터널을 지나는 느낌이었는데 하대 님 영상으로 다시 용기가 샘솟는 기분입니다. "할 수 있다고 믿으면 할 수 있다." 간절히 소망을 이루길 원하는 모든 분들을 응원합니다. - @Kim-bu6us

| 1 |
| 2 |
| 3 |
| 4 |
| 5 |
| 6 |
| 7 |
| 8 |
| 9 |
| 10 |
| 11 |
| 12 |
| 13 |
| 14 |
| 15 |
| 16 |
| 17 |
| 18 |
| 19 |
| 20 |
| 21 |
| 22 |
| 23 |
| 24 |
| 25 |
| 26 |
| 27 |
| 28 |
| 29 |
| 30 |
| 31 |
| 32 |
| 33 |

68

69

70

71

72

73

74

75

76

77

78

79

80

81

82

83

84

85

86

87

88

89

90

91

92

93

94

95

96

97

98

99

100

89 일째

새로운 두려움 만들어 내기

여러분이 지금 변하고자 하고, 바뀌려고 하는 그 길을 결국 가지 않게 되면 어떤 끔찍한 일이 벌어질지 상상해 보십시오. 놓치게 될 모든 것들을 상상해 보는 거예요. 여러분의 자존감이 얼마나 망가질지도 상상해 보시고요. 그러니까 한 마디로 '새로운 두려움을 만들어 내는' 거예요. 지금 변하지 않으면 앞으로 어떻게 살아가게 될지에 대한 이 새로운 두려움은 본래의 두려움보다 훨씬 큽니다.

그리고 구체적으로 스스로에게 이런 질문을 던져 보는 거예요. "이 일을 할 때 최악의 경우는 뭐지?" "그러면 내 인생 끝나나?" "나쁜 결과가 발생하지 않게 하려면 어떻게 하면 되지?" "반대로 이 일을 하면 발생할 수 있는 최상의 결과는 뭘까?" 이 질문들과 답을 종이에 적어보십시오.

💬 ─────────────

과거부터 형성된 무의식을 개선하기 위해 부단히 노력해 봐야겠습니다. 남들은 두려워하지만, 저는 가능성이 보이는 일을 남들보다 먼저 시도해보고, 남탓하지 말고 저의 결정에 책임지면서 살아봐야겠습니다. 성공이 취미인 삶을 한번 살아보도록 저를 부단히 바꿔보겠습니다. 좋은 말씀 정말 감사합니다. - @_SNH

1
2
3
4
5
6
7
8
9
10
11
12
13
14
15
16
17
18
19
20
21
22
23
24
25
26
27
28
29
30
31
32
33

68
69
70
71
72
73
74
75
76
77
78
79
80
81
82
83
84
85
86
87
88
89
90
91
92
93
94
95
96
97
98
99
100

90 일째

잠재의식에 각인하는 기간

1	
2	
3	
4	
5	
6	
7	
8	
9	
10	
11	
12	
13	
14	
15	
16	
17	
18	
19	
20	
21	
22	
23	
24	
25	
26	
27	
28	
29	
30	
31	
32	
33	

여러분. 21일이 우리 뇌에 습관을 각인시키는 데 필요한 최소한의 기간이라 말씀드렸었죠? 그리고 여러분이 지금까지 90일간 매일 100번씩 쓴 이유는 이 습관을 통해 여러분 무의식에 각인시키기 위함이었습니다. 즉, 21일째에 손으로 적는 것이 습관화되었고, 이 습관을 통해 90일이 된 오늘 비로소 여러분 잠재의식에 각인이 된 거예요. 이는 2009년 〈유럽사회심리학저널〉에 발표된 연구 결과에서도 확인할 수 있습니다.

밥 프록터는 "잠재의식은 쉽게 바뀌지 않는다. 최소 90일 동안 매일 반복해야 잠재의식을 바꿀 수 있다."라고 했죠. 그 90일, 해내셨습니다. 그리고 이제 딱 10일 남았어요. 남은 10일 동안 여러분 잠재의식에 새롭게 깔린 소프트웨어가 '에러'나지 않도록 '안정화'시키는 일만 남았습니다.

하대 님 영상을 보며 고개를 아주 세차게 몇 번을 끄덕였는지 모르겠어요. 오프라인 저장 해두고 자주 들을게요. 저 100일 쓰기 230일까지 했습니다. 이제 뭐든 100일은 그냥 할 수 있을 거 같아요. 1,000번 90일 말하기 꼭 해볼게요. 오늘부터 시작하겠습니다. 이지카운터도 다운받았어요. 이 댓글을 보신 모든 분들 오늘도 기대에 찬 감사한 하루 보내시길 바랍니다. - @may_english

68

69

70

71

72

73

74

75

76

77

78

79

80

81

82

83

84

85

86

87

88

89

90

91

92

93

94

95

96

97

98

99

100

91
일째

삶의 마지막 순간에 드는 생각

여러분의 '마지막 순간'을 상상해보세요. 삶이 몇 시간 남지 않았습니다. 심장박동도 느려지고 힘이 빠지는 게 느껴지고요. 거기 그렇게 누워서 여러분은 살아온 삶을 되돌아볼 겁니다.

여러분은 바라던 변화를 이루지 못했어요. 똑같은 직장, 똑같은 관계에 매여 있었고, 여러 권의 책을 읽었지만 실천한 적은 없었죠. 다이어트 계획을 세웠지만 지키지 못했고, 이런저런 일을 할 거라 수천 번 다짐했지만 한 번도 하지 못했어요.

만일 이 글을 보는 지금 이 순간으로 되돌아올 수 있다면 무엇을 하시겠습니까. 여러분이 후회하게 될 유일한 일은 '시도하지 않았다'는 사실일 겁니다. 살고 싶은 현실을 창조해 보세요. 여러분 삶의 상황을 마주하는 바로 그 태도가 여러분을 새롭게 시작하게 해 줄 겁니다.

하와이 대저택 베스트 영상
〈하루 1시간으로
인생 바꾸기〉

100번쓰기 91일차입니다! 아직 목표를 달성하지는 못했지만 100번 쓰기를 하는 지난 91일간 생각지 못한 행운도 들어왔어요. 회사에서는 과장 진급 2년차에 바로 차장이 되었습니다. 그리고 일상을 바라보는 시야가 달라졌어요. 하루하루 힘겨운 느낌이 아니라 새벽 5시에 눈을 뜰 때마다 설렙니다. - @lemoni23

1	
2	
3	
4	
5	
6	
7	
8	
9	
10	
11	
12	
13	
14	
15	
16	
17	
18	
19	
20	
21	
22	
23	
24	
25	
26	
27	
28	
29	
30	
31	
32	
33	

68

69

70

71

72

73

74

75

76

77

78

79

80

81

82

83

84

85

86

87

88

89

90

91

92

93

94

95

96

97

98

99

100

92 일째

성공한 사람이 되는 법

이 질문에 답해 보세요.

1. 나는 성공할 사람인가?
2. 나는 지난달에 하루 한 가지 일을 해내는 '작은 성공'을 몇 번 이뤘는기?

자, 질문의 순서를 바꿔보겠습니다.

1. 나는 지난달에 하루 한 가지 일을 해내는 '작은 성공'을 몇 번 이뤘는가?
2. 나는 성공할 사람인가?

질문의 순서를 바꾸면 여러분은 '성공한 사람'이 됩니다. 작은 성공을 한 직후, 언제나 스스로에게 이렇게 물어주세요.

"나는 성공할 사람인가?"
"YES"
여러분은 성공합니다.

딱 1년 전에 하와이 대저택 님을 알게 되었습니다. 그때 참 힘든 시기였는데 하루 백 번 쓰기, 말하기, 잘 때도 긍정 확언 듣기 등으로 제 마인드셋팅을 새로 바꾸기 위해 노력했고 성공했습니다. 그리고 지금은 충분한 자산을 갖게 되었고 행복하게 잘 살고 있어요. 마지막 강연에도 갔었는데 이제야 글을 남기네요. 저는 대저택 님 덕분에 더 큰 성공으로 가고 있습니다. 늘 감사하며 살겠습니다. - @h.binnerpeace6953

1	
2	
3	
4	
5	
6	
7	
8	
9	
10	
11	
12	
13	
14	
15	
16	
17	
18	
19	
20	
21	
22	
23	
24	
25	
26	
27	
28	
29	
30	
31	
32	
33	

68

69

70

71

72

73

74

75

76

77

78

79

80

81

82

83

84

85

86

87

88

89

90

91

92

93

94

95

96

97

98

99

100

93
일째

나의 시각이
곧 현실

어떤 일이 힘들다는 생각을 하면 할수록 실제로 더 힘들어집니다. '인생은 불공평하다'에 꽂혀 있다면 당연히 그런 시각에 맞춰 행동하기 때문에 실제로 불공평한 인생이 될 기고요. 아무도 널 무시하지 않았음에도 무시당했다고 느끼고, 노력해 봤자 아무것도 이루지 못할 테니까 노력 자체를 안 하겠죠. 불공평하다는 여러분의 시각이 곧 현실이 되는 겁니다. 반면에 여러분이 성공이 그리 멀지 않다고, 어쩌면 바로 코앞에 와 있다는 생각에 꽂혀 있다면 항상 성공을 의식하며 에너지 넘치게 행동하게 됩니다.

지금 여러분은 어떤 현실에 있으신가요?

정말 깊이 있는 인사이트를 공유해주셔서 감사합니다. 한계를 정해놓는 저 자신을 내려놓고 새롭게 살아가려 합니다. 원하는 것을 이루기 위해 의식을 무의식으로 무의식을 의식으로 재프로그램하고, 긍정의 힘과 노력으로 인생을 바꾸겠습니다. - @user-qv2uj6fg6z

1	
2	
3	
4	
5	
6	
7	
8	
9	
10	
11	
12	
13	
14	
15	
16	
17	
18	
19	
20	
21	
22	
23	
24	
25	
26	
27	
28	
29	
30	
31	
32	
33	

4	68
	69
	70
	71
	72
	73
	74
	75
2	76
3	77
4	78
5	79
6	**80**
7	81
8	82
9	83
0	84
1	85
2	86
3	87
4	88
5	89
6	**90**
7	91
8	92
9	93
0	94
1	95
2	96
3	97
4	98
5	99
6	**100**
7	

94
일째

당연히
성공할 수밖에
없죠

여러분, 이제 어느덧 94일차가 되었습니다. 100번씩 손을 직접 써가는 94일차에 지금 이 글을 보고 계시다면 여러분은 진심으로 '부자 리그'에 속해 있는 거예요. 이렇게 하는 사람 우리나라에 몇 명 없습니다. 비율로 따지면 정말 극소수 중의 극소수죠. 성공을 할 수밖에 없습니다.

이쯤 되면 '생각'이 얼마나 중요한지 이제 느낌이 왔을 겁니다. 뭐든지 바로 그 생각에서 출발하는 거예요. 생각을 해야 감정을 느끼고, 그 감정의 동요가 이어져서 행동을 하니까요. 그리고 그 행동이 결과를 낳습니다. 결국 생각이 가장 처음입니다. 그리고 가장 중요해요. 처음이 없으면 그 뒤는 아무것도 없어요.

부자가 될 생각을 하고 이 노트까지 펼친 여러분들은 부자가 되어가고 있는 그 리그, 이 그룹에 잘 속해 있다는 말씀 드립니다. 그리고 미리 축하드린다는 말씀도 꼭 드리고 싶습니다.

정말 써봐야 알 수 있습니다! 처음 100번 쓰기 할 때 저는 목표라고 하는 것을 쓸 수 없었습니다. 그래서 에밀 쿠에의 자기암시를 100번, 100일 쓰기부터 시작했어요. 이런 시간이 몇 개월이 지나니 이루고 싶은 목표가 생기더라고요. 지금 100번 쓰기 104일쯤 되었는데 딱 하대 님이 말씀하신 대로 '나 잘되겠다.' 하는 생각이 들었거든요. 아주 자연스럽게요. - @user-qr7er7nd9m

1	
2	
3	
4	
5	
6	
7	
8	
9	
10	
11	
12	
13	
14	
15	
16	
17	
18	
19	
20	
21	
22	
23	
24	
25	
26	
27	
28	
29	
30	
31	
32	
33	

	68
	69
	70
	71
	72
	73
	74
	75
	76
	77
	78
	79
	80
	81
	82
	83
	84
	85
	86
	87
	88
	89
	90
	91
	92
	93
	94
	95
	96
	97
	98
	99
	100

95
일째

무에서 유를
창조한다는 것

연구 결과에 따르면 손의 움직임과 기억력 사이에는 강력한 연관성이 있습니다. 여러분이 원하는 것을 글로 적는 행위는 실제 우리 뇌에 강하게 영향을 주니까요. 또 여러분의 목표를 이렇게 적어본다는 건 단순한 의지의 표명이 아니에요. 여러분 뇌의 깊은 곳에 있던 보이지 않는 '무형의 그 생각'을 실제 '물리적으로 세상에 데뷔'시키는 겁니다. 글로 쓰는 순간 내 목표는 이제 세상에 실제 존재하는 것이 되는 거니까요. 그리고 그렇게 쓴 걸 소리 내서 읽어보세요. 이게 바로 내 목표와 현실의 '동기화'인 겁니다.

원하는 삶을 살고 싶다면 원하는 것을 얻기 위한 목표를 설정하세요. 그리고 그 구체적으로 적는 그 목표를 기억하십시오. 그렇게 기억된 그 목표가 여러분을 원하는 삶이라는 목적지에 도착할 수 있게 해줍니다.

100번 쓰기 알고는 있었지만 이렇게까지 해야 하나 생각했었거든요. 하대 님 영상 보고 오늘 시작했는데 왜 하는지 조금 알 것 같아요. 뇌 새김, 뼈 새김은 물론이고 몸의 세포 하나하나에 메시지를 때려박는 느낌이에요. 마음이 비장해져요. 꼭 완수하고 말겠어요. - @kongdol123

1	
2	
3	
4	
5	
6	
7	
8	
9	
10	
11	
12	
13	
14	
15	
16	
17	
18	
19	
20	
21	
22	
23	
24	
25	
26	
27	
28	
29	
30	
31	
32	
33	

	68
	69
	70
	71
	72
	73
	74
	75
	76
	77
	78
	79
	80
	81
	82
	83
	84
	85
	86
	87
	88
	89
	90
	91
	92
	93
	94
	95
	96
	97
	98
	99
	100

96 일째

내 삶에 책임을 진다는 것

'탓'을 하며 사는 사람은 살면서 그 어떤 결과에 직면한다 해도 본인이 책임지지 않습니다. 책임지지 않아도 되는 거죠. 내가 잘못한 게 아니라 환경이나 상황, 남들 때문에 그렇게 된 거니까요.

반면에 모든 일은 내가 컨트롤하는 거고, 컨트롤할 수 있다는 마인드라면 결과가 좋든 좋지 않든 모든 건 본인 책임이 됩니다. 좋지 않은 결과가 나와도 본인 책임이니 당연히 본인이 어떻게든 해결하고 이겨내려고 하게 되겠죠. 둘의 가장 큰 차이는 바로 이 점입니다.

여러분은 여러분 삶에서 책임을 회피하는지, 책임을 지는지, 나도 모르게 스스로 피해자처럼 굴면서 살고 있진 않은지 스스로에게 물어보는 시간을 가져보시기를 진심으로 바랍니다.

하고 싶은 걸 하기 위해 해야만 하는 일들을 하고 있는 시기라 영상이 더욱 와닿았어요. 몇 주 전까지만 해도 포기하고 싶다는 생각이 들 만큼 너무 힘들고 지쳤었고, 경제적인 문제로 속앓이가 심했습니다. 그래도 이제 얼마 안 남았고 멈출 수도 없으니까 기운 끌어올리려 애쓰는 중에 "이 시기를 너무 길지 않게 가져가는 게 중요하다." "레벨업 과정이다." "원래 그런 거다."라고 말씀해주셔서 눈물이 나더라고요. 저는 지금 레벨업하기 위해 성장통을 겪고 있는 건가 봐요. - @user-xk3mm7ld5t

1
2
3
4
5
6
7
8
9
10
11
12
13
14
15
16
17
18
19
20
21
22
23
24
25
26
27
28
29
30
31
32
33

97
일째

무책임한 거주자

정작 자기 스스로가 뭘 원하는지, 정말 어떻게 살고 싶은지, 지금 이대로 괜찮은지 아닌지를 잘 모른다는 건 스스로에게 책임감이 없는 겁니다.

우리는 살고 있는 '집'에 대해 잘 알잖아요. 집 구조가 어떤지, 집의 어느 부분이 자주 고장 나는지, 이 집의 장점과 단점은 무엇인지 가장 잘 알고 있습니다. 왜냐하면 내 집, 내가 사는 집이니까요.

그런데 정작 자기 자신에 대해 모른다는 건 지금 내가 사는 동네 이름, 주소, 집이 몇 층인지, 구조는 어떤지, 이런 걸 모르고 그냥 살고 있는 거랑 똑같아요. 만약 그런 사람이 있다면 굉장히 무책임한 거주자일 겁니다.

스스로에게 무책임한 사람이 되면 안 됩니다.

하대 님 영상 들으면서 "맞아. 나도 그랬는데⋯."라는 말을 엄청 많이 했어요. 직장 생활 하던 20여 년 동안 내가 사는 세계가 전부인 줄 알았는데 휴직하고 보니 내가 모르는 세계가 있더라고요. 아무리 세상이 어려워도 돈 벌 사람은 벌고 있고요. 그리고 "주변에 좋은 책을 가까이 둬라. 그리고 꼭 사람이 있어야 하는 건 아니다."라는 말씀이 와닿았어요. 나는 왜 그런 생각을 못 했을까 싶었어요. 좋은 작가와 함께하면 좋은 사람들에 둘러싸여 있는 것과 같다는 말씀, 꼭 기억하고 실천하겠습니다. - @soopharm55

1
2
3
4
5
6
7
8
9
10
11
12
13
14
15
16
17
18
19
20
21
22
23
24
25
26
27
28
29
30
31
32
33

68

69

70

71

72

73

74

75

76

77

78

79

80

81

82

83

84

85

86

87

88

89

90

91

92

93

94

95

96

97

98

99

100

98

일째

목표는 세우는 게 아닌 심는 것입니다

사람들은 목표가 적어도 어느 정도 현실에 뿌리를 두고 있어야 한다고 말합니다. 도를 넘어선 목표는 무리라고 생각하니까요. 그런데 '현실'이란 이 말, 참 재밌습니다. 현실 역시 잠재의식 소프트웨어의 일부일 뿐인데 말이죠. 생각해 보세요. 등불을 들고 초를 밝히던 시절, 버튼 하나만 누르면 집안이 낮처럼 밝아진다는 상상은 도를 넘어도 한참 넘은 거였죠. 하늘을 날고 싶다는 라이트 형제의 목표도 절대로 현실적이지 않았습니다.

10억을 벌기 위해 얼마나 걸릴지 알지 못합니다. 다만 그곳에 도달할 수 있다는 건 압니다. 사람마다 필요한 시간은 모두 달라요. 새로운 소프트웨어를 설치하는 지금. 하나의 생각, 하나의 씨앗을 이제 심게 되는 겁니다. 그리고 그로 인해 모든 것들이 시작되는 거예요.

💬

100번 쓰기 오늘부로 98일째. 처음엔 어색하고 쓰면서도 '이거 쓴다고 되겠어?' 싶었어요. 그래도 그냥 썼어요. 그런데 쓰면서 벽이 밀린다는 느낌? 진짜 뭔지 알겠더라고요. 아직 꿈을 이룬 건 아니지만 '진짜 되겠는데?' 하는 생각이 들었습니다. - @user-od-1vc5vg6n

1
2
3
4
5
6
7
8
9
10
11
12
13
14
15
16
17
18
19
20
21
22
23
24
25
26
27
28
29
30
31
32
33

	68
	69
	70
	71
	72
	73
	74
	75
	76
	77
	78
	79
	80
	81
	82
	83
	84
	85
	86
	87
	88
	89
	90
	91
	92
	93
	94
	95
	96
	97
	98
	99
	100

99

일째

무의식에 각인된 포기하는 습관

굉장히 많은 사람들이 어떤 일을 뿌리도 채 내리기 전에 포기합니다. 포기하고 다시 시작하고, 포기하고 또다시 시작하고…. 이 과정을 반복하다 보면 시간이, 인생이 훅 가버리죠.

이렇게 포기하고 다시 시작하고 하는 것도 사실 습관입니다. 이 습관이 든 사람들은 '접고 다시 하고 또 접고 다시 하고 또 접는' 행동 패턴이 무의식에 각인되어 있는 거죠. 입력된 대로 무의식이 아주 잘 작동하는 거라 볼 수 있어요.

최대의 노력과 최소의 결과가 '최소의 노력과 최대의 결과'로 반전되는 효과가 나타나기 직전에 포기해 버리기 때문에 성공하는 사람이 적은 건 사실 너무 당연합니다. 어떤 것에 더 오래 머물수록 최소의 노력으로 최대의 결과를 얻을 수 있다는 것을 꼭 기억하시기를 바랍니다.

💬

확언 하루 100번 쓰기 오늘로 99일째 성공했습니다. 이미 이루어진 저 자신을 상상하고 성공한 저 자신을 되돌아보며 희열을 느끼고 있습니다. 11일 전 올려주신 영상 '진정으로, 당신은 할 수 있다'는 100번도 더 본 것 같습니다. 마지막 남은 100번 쓰기 잘 마무리하고 새로운 목표로 다시 100번 100일 쓰기 도전하겠습니다. - @user-br1wc3fk9y

1	
2	
3	
4	
5	
6	
7	
8	
9	
10	
11	
12	
13	
14	
15	
16	
17	
18	
19	
20	
21	
22	
23	
24	
25	
26	
27	
28	
29	
30	
31	
32	
33	

4	68
5	69
6	70
7	71
8	72
9	73
0	74
1	75
2	76
3	77
4	78
5	79
6	80
7	81
8	82
9	83
0	84
1	85
2	86
3	87
4	88
5	89
6	90
7	91
8	92
9	93
0	94
1	95
2	96
3	97
4	98
5	99
6	100
7	

100일째

여러분은 소수 중에서도 극소수

존경합니다. 그리고 진심으로, 축하드립니다. 100명 중 5명도 하기 어려운 여정, 잠재의식에 소프트웨어를 갈아 끼우는 그 과정을, 여러분은 끝끝내 해내셨습니다.

오늘 비로소 1만 번째 문장을 쓰면서 어떤 생각이 드셨나요? 어떤 감정이 드셨나요? 무엇보다 여러분 스스로에게 대단하다고 소리 내서 혹은 속으로 정말 여러 번 말해 주셔야 합니다. 왜냐하면 진심으로 이건 아무나 못 하는 거니까요. 그리고 이제 여러분이 쓴 그 문장대로 여러분 삶이 펼쳐질 테니까요.

여러분 삶은 '성공' 그 자체입니다. 여러분은 그걸 실현할 수 있는 프로그램을 소유하게 되었으니까요. 성공은 여러분에게 말을 걸 수 없지만, 여러분의 목소리를 들을 수는 있습니다. 여러분이 부르면, 그 성공은 옵니다.

'5년 안에 이 채널을 떠나라'라는 썸네일을 보고 머릿속에 이 모습이 상상되어 울컥했어요. '경제적 자유를 얻고 성공한 나는 그때의 썸네일처럼 하와이 대저택 채널을 떠나며 울컥하였다. 처음 이 채널을 알게 되고 내 마음의 간절함을 발견하고 내 간절함이 나에게 성공을 안겨준 것을 생각하니 미소가 지어졌고 나의 노력과 성공에 울컥했다.' 나는 성공합니다. 내가 그걸 이토록 간절히 원하니까요. 나는 성공합니다. 이렇게 바로 성공한 나를 볼 수 있으니까요. - @2024Sep

1
2
3
4
5
6
7
8
9
10
11
12
13
14
15
16
17
18
19
20
21
22
23
24
25
26
27
28
29
30
31
32
33

1	68
2	69
3	**70**
4	71
5	72
6	73
7	74
8	75
9	76
10	77
11	78
12	79
13	**80**
14	81
15	82
16	83
17	84
18	85
19	86
20	87
21	88
22	89
23	**90**
24	91
25	92
26	93
27	94
28	95
29	96
30	97
31	98
32	99
33	**100**
34	
35	
36	
37	

Epilogue

부와 성공의
소프트웨어
설치를 완료한
당신에게

여러분은 이제 '자전거 타는 법'을 알게 되었습니다. 자, 그럼 앞으로 무엇을 하실 건가요? 자전거를 타야겠죠. 제가 디테일하게 말씀드리지 않아도 이제 여러분은 알아서 어떤 생각이 들고, 어떤 감정이 들 것이며, 어떤 행동을 하게 되실 거예요. 그리고 그 행동의 결과는 성공(여러분이 원하는 것을 이룸)이라는 이름표를 달고 있을 겁니다. 또 여러분이 예상치 못한 상황들과 사람들을 만나게 될 수도 있을 거예요. 그런 모든 순간마다 이것만 잊지 않으셨으면 좋겠습니다.

'다 그렇게 되려고 지금 내 앞에 이런 상황이 펼쳐지는구나.'

마지막으로 한 가지 더 말씀드리고 싶은데요, 《데일리 크리에이티브》의 저자 토드 헨리는 이런 말을 했습니다. "세상에서 가장 가치 있는 땅은 무덤이다." 이유가 뭘까요? 그곳에는 미처 쓰지 못한 소설, 실현하지 못한 아이디어, 회복하지 못한 인간 관계, 펼치지 못한 꿈이 모두 묻혀 있기 때문입니다. 그 모든 가치와 기회들이, 한때 그걸 소중하게 품었었던 사람과 함께 묻혔기 때문에 무덤은 세상에서 가장 가치 있는 땅인 거죠.

그러니 우리는 무덤보다, 끝없는 오늘과 내일로 이루어진 '우리 삶'을 가장 가치 있게 살아야 할 겁니다. 더 많은 삶을 욕망하는 여러분에게는 그걸 이룰 능력도 있는 거예요. 나폴레온 힐의 말처럼 "능력은 욕망과 함께" 오기 때문이죠. 욕망과 능력을 모두 지니고 있는 여러분에게는 심지어 부와 성공의 소프트웨어까지 설치되어 있습니다.

그러므로.

여러분은 성공합니다.

그렇게 될 수밖에 없기 때문에.

하와이 대저택
100일 미라클

초판 1쇄 인쇄 2024년 1월 5일
초판 1쇄 발행 2024년 1월 25일

지은이 하와이 대저택
발행인 손은진
개발책임 김문주
개발 김민정 정은경
제작 이성재 장병미
마케팅 엄재욱 조경은
디자인 김홍경

발행처 메가스터티(주)
출판등록 제2015-000159호
주소 서울시 서초구 효령로 304 국제전자센터 24층
전화 1661-5431 팩스 02-6984-6999
홈페이지 http://www.megastudybooks.com
출간제안/원고투고 writer@megastudy.net

ISBN 979-11-297-1151-9 13190

메가스터디BOOKS

'메가스터디북스'는 메가스터디(주)의 출판 전문 브랜드입니다.
유아/초등 학습서, 중고등 수능/내신 참고서는 물론, 지식, 교양, 인문 분야에서 다양한 도서를 출간하고 있습니다.